Die echte Hausmannskost

Neu entdecken und genießen – Lieblingsrezepte für die ganze Familie

Die echte Hausmannskost

Autorin: Gudrun Ruschitzka
Rezeptfotos: Foodfotografie Michael Brauner

Inhalt

Suppen & Eintöpfe

Bewährtes zum Löffeln

»Eine gute Suppe ist die Geliebte des Magens« – ein kluger Mann hat dies einst gesagt und er hat ja so Recht! Gelöffelt wurde schon immer gern. Wer spürt nicht gern das wohltuende Gefühl einer stärkenden Brühe, einer wärmenden Suppe oder eines sättigenden Eintopfes? Gut schmecken sollen sie, dürfen gerne etwas Besonderes sein, und wenn sie zudem noch Appetit auf mehr bzw. das »Danach« machen, dann haben die folgenden, seit Generationen beliebten, besten Suppen und Eintöpfe sicher viele Wünsche erfüllt.

Fleischbrühe

Für etwa 4 l Brühe:
1 kg Rindfleisch (Brust, Beinscheibe)
1 kg Rinderknochen (dabei 1–2 Markknochen)
2 Bund Suppengrün
2 Lorbeerblätter
4 Pimentkörner
6 Wacholderbeeren
10 Pfefferkörner
1 kleine, getrocknete Chilischote
2 Zwiebeln

Zubereitung: 30 Min.
Garzeit: 3 Std. 30 Min.
Pro Liter ca.: 270 kcal

1. Das Fleisch und die Knochen in einen Topf geben, mit gut 4 l kaltem Wasser bedecken. Aufkochen lassen, den Schaum abschöpfen und die Hitze reduzieren.

2. Nach etwa 1 Std. das Suppengrün putzen, waschen und grob zerschneiden. Mit allen Gewürzen zur Brühe geben. Die Zwiebeln ungeschält halbieren, die Schnittflächen in einer Pfanne ohne Fett kräftig anrösten und hinzufügen. Die Brühe knapp unter dem Siedepunkt offen noch gut 2 Std. 30 Min. ziehen lassen.

3. Die fertige Brühe durch ein feines Sieb oder Tuch gießen und nach Belieben würzen und weiterverwenden. Das Fleisch und die Möhren des Suppengrüns klein würfeln und als Suppeneinlage verwenden.

Brühe mit Eierstich

Für 2 Personen:
1/2 TL Butter
2 Eier
4 EL Milch
1 EL gehackte Petersilie
Salz, Pfeffer
Muskatnuss, frisch gerieben
1/2 l Fleischbrühe (siehe links)
Streuwürze

Zubereitung: 10 Min.
Garzeit: 35 Min.
Pro Portion ca.: 135 kcal

1. Ein Wasserbad vorbereiten und eine kleine Schüssel oder Tasse mit der Butter ausfetten. Die Eier mit der Milch und der gehackten Petersilie verquirlen. Die Mischung mit je 1 Prise Salz, Pfeffer und Muskat würzen.

2. Die Eiermilch in das gefettete Schüsselchen gießen und mit Alufolie abdecken. In das heiße Wasserbad stellen (es sollte etwa zu 2/3 im Wasser stehen) und in etwa 35 Min. stocken lassen.

3. Inzwischen die Fleischbrühe erhitzen und mit Salz, Pfeffer, Muskat und etwas Streuwürze abschmecken. Den fertigen Eierstich aus dem Schüsselchen auf die Arbeitsfläche stürzen und in Würfel schneiden oder kleine Motive ausstechen. In Suppentassen verteilen und mit der heißen Brühe aufgießen.

Grießnockerlsuppe

Für 4 Personen:
50 g weiche Butter
1 Ei, 1 Eigelb
100 g Hartweizengrieß
Salz
Muskatnuss, frisch gerieben
1 l Fleischbrühe (siehe links)
weißer Pfeffer
3 EL Schnittlauchröllchen

Zubereitung: 20 Min.
Quellzeit: 30 Min.
Garzeit: 30 Min.
Pro Portion ca.: 230 kcal

1. Die Butter in eine Schüssel geben, schaumig rühren und das Ei, das Eigelb und nach und nach den Grieß unterrühren. Mit Salz und Muskat würzen und 30 Min. quellen lassen.

2. In einem weiten Topf Salzwasser zum Kochen bringen. Aus der Masse mit einem nassen Teelöffel ovale Nockerl abstechen und ins Wasser gleiten lassen. Bei schwacher Hitze in etwa 30 Min. gar ziehen lassen.

3. Die Brühe erhitzen und mit Salz, Muskat und weißem Pfeffer abschmecken. Die fertigen Nockerl mit der Schaumkelle herausheben und in Suppentassen oder -teller verteilen. Mit der heißen Brühe begießen und mit Schnittlauch bestreut servieren.

Pfannkuchensuppe

Für 3 Personen:
1 Ei, 1 Eigelb
6 EL Sahne
75 g Mehl
knapp 1/4 l Milch, Salz
Muskatnuss, frisch gerieben
1/2 Hand voll Kerbel
1/2 Bund Petersilie
3 EL Butterschmalz
1 l Fleischbrühe (siehe links)
2 EL Schnittlauchröllchen

Zubereitung: 30 Min.
Quellzeit: 30 Min.
Pro Portion ca.: 390 kcal

1. Ei, Eigelb, Sahne und Mehl in eine Rührschüssel geben. Mit soviel Milch verquirlen, dass ein dünnflüssiger Pfannkuchenteig entsteht. Mit Salz und Muskat würzen, 30 Min. quellen lassen.

2. Die Kräuter waschen, fein hacken und unter den Teig rühren. In einer Pfanne jeweils etwas Butterschmalz erhitzen. Nacheinander darin dünne Pfannkuchen backen, sofort fest aufrollen und etwas auskühlen lassen. Die Pfannkuchen in dünne Streifen schneiden.

3. Die Fleischbrühe erhitzen. Pfannkuchenstreifen in vorgewärmte Suppenteller verteilen, mit der Brühe übergießen und mit Schnittlauch bestreuen.

Grüner Bohneneintopf

Für 4 Personen:
1 Bund Suppengrün
2 Zwiebeln
500 g Lammfleisch am Stück (wahlweise Rindfleisch; Brust- oder Nackenstück)
8 Pfefferkörner, Salz
600 g grüne Bohnen
1 Bund frisches Bohnenkraut (ersatzweise 1 EL getrocknetes)
3 große Kartoffeln
60 g Räucherspeck
1 Bund Petersilie
1 EL Schmalz
1 EL Mehl

Zubereitung: 1 Std. 30 Min.
Pro Portion ca.: 505 kcal

1. Das Suppengrün putzen und waschen, 1 Zwiebel schälen. Das Fleisch mit etwa 1,5 l Wasser in einen Topf geben und zum Kochen bringen. Suppengrün, Zwiebel, Pfefferkörner und etwas Salz dazugeben. Bei schwacher Hitze 1 Std. köcheln lassen.

2. Inzwischen die Bohnen putzen, waschen und in 3–4 cm lange Stücke schneiden. Mit dem Bohnenkraut in einen weiteren Topf geben. Sobald das Fleisch weich ist, herausnehmen. Die Brühe durch ein Sieb zu den Bohnen gießen und 10 Min. bei mittlerer Hitze kochen lassen.

3. Die Kartoffeln schälen, waschen, klein würfeln und zu den Bohnen geben. Weitere 15 Min. kochen lassen, bis alles gar ist. Das Fleisch klein schneiden und dazugeben.

4. Den Speck in kleine Würfel schneiden. Die zweite Zwiebel schälen und klein würfeln. Die Petersilie waschen und trockenschütteln, die Blätter hacken.

5. Das Schmalz in einer Pfanne erhitzen, Speck und Zwiebel darin anbraten. Mit dem Mehl bestäuben, etwas Brühe einrühren und diese Mischung in den Eintopf geben. Kurz aufkochen lassen und die Petersilie darüber streuen.

Feine Kartoffelsuppe

Für 4 Personen:
1 kg Kartoffeln
2–3 Möhren
1/2 Sellerieknolle
2 Petersilienwurzeln
1 Stange Lauch
2 Zwiebeln
2 l Fleischbrühe (Seite 8 oder Instant-Brühe)
Salz
je 1/2 TL getrockneter Thymian und Majoran
1 Bund Petersilie
Pfeffer
Muskatnuss, frisch gerieben

Zubereitung: 30 Min.
Garzeit: 30 Min.
Pro Portion ca.: 215 kcal

1. Die Kartoffeln schälen, waschen und in grobe Stücke schneiden. Das Gemüse schälen bzw. putzen, waschen und ebenfalls grob zerschneiden. Alles in einen großen Topf geben und die Brühe zugießen. Mit Salz, Thymian und Majoran würzen und zugedeckt bei schwacher Hitze 30 Min. kochen lassen.

2. Die Petersilie waschen und trockenschütteln, die Blättchen hacken. Die Suppe mit dem Pürierstab pürieren. Mit Pfeffer und Muskat abschmecken und mit der gehackten Petersilie bestreuen.

Beilage: kräftiges Bauernbrot

So schmeckt's auch

Deftige Einlagen
Debrecziner, Wiener Würstchen oder Fleischwurst in Scheiben schneiden und kurz vor dem Servieren in die Suppe geben.

Knuspriges zum Drüberstreuen
Zwiebelringe, Blutwurstscheiben oder kleine Brotwürfel in Gänse- oder Schweineschmalz goldbraun braten und jede Portion damit bestreuen.

Bunter Gemüseeintopf

Für 4 Personen:
3 große Kartoffeln
3 Möhren
1 Kohlrabi
1 Stange Lauch
3–4 Stangen Staudensellerie
300 g Blumenkohl
2 EL Butter
1,5 l Fleischbrühe (Seite 8 oder Instant-Brühe)
1 Bund gemischte Gartenkräuter (Petersilie, Schnittlauch, Kerbel)
Salz, Pfeffer
Muskatnuss, frisch gerieben

Zubereitung: 45 Min.
Garzeit: 25 Min.
Pro Portion ca.: 275 kcal

1. Die Kartoffeln und das Gemüse schälen bzw. putzen und waschen. Alles in mundgerechte Stücke schneiden, den Blumenkohl in Röschen zerteilen.

2. In einem Suppentopf die Butter erhitzen und den Lauch darin andünsten. Die Kartoffeln und das Gemüse zugeben und die Brühe angießen. Zugedeckt bei schwacher Hitze 20–25 Min. kochen lassen (das Gemüse sollte noch etwas Biss haben).

3. Die Kräuter waschen, trockenschütteln und fein hacken. Den Eintopf mit Salz, Pfeffer und Muskat abschmecken und vor dem Servieren die Kräuter untermischen.

Tipp

Der Eintopf schmeckt auch mit anderen Gemüsesorten, z. B. Erbsen, Bohnen oder Knollensellerie. Außerdem können Sie noch Würfel oder Streifen von gekochtem Suppenfleisch, Schinken oder Fleischwurst untermischen.

Blumenkohlsuppe mit Schinken

Für 4 Personen:
1 kleiner Blumenkohl (geputzt ca. 600 g)
1/2 l Hühnerbrühe (Instant)
1/4 l Milch
Salz, Pfeffer
Muskatnuss, frisch gerieben
100 g gekochter Schinken
1/2 Bund Dill
1 Eigelb
100 g Sahne

Zubereitung: 45 Min.
Pro Portion ca.: 555 kcal

1. Den Blumenkohl putzen, in Röschen zerteilen und waschen. Die Brühe mit der Milch in einem Topf zum Kochen bringen und leicht salzen. Den Blumenkohl darin in 15–20 Min. weich kochen.

2. Einige Röschen herausheben und zur Seite legen. Restlichen Blumenkohl mit dem Pürierstab in der Kochflüssigkeit pürieren. Mit Pfeffer und Muskat abschmecken.

3. Den Schinken in feine Streifen schneiden. Den Dill waschen und trockenschütteln, die Spitzen abzupfen und fein schneiden.

4. Das Eigelb mit der Sahne verquirlen und unter die Suppe rühren, nicht mehr kochen lassen. Die zurückbehaltenen Blumenkohlröschen und den Schinken in die Suppe geben. Den Dill unterrühren und servieren.

So schmeckt's auch

Frische Würze
Probieren Sie die Suppe mal mit frischer Minze: Von 2–3 Stängeln die Blätter abzupfen, in feine Streifen schneiden und über die fertige Suppe streuen.

Steckrübeneintopf

Für 4 Personen:
500 g frischer Schweinebauch
1,5 kg Steckrüben
2 Zwiebeln
2 EL Gänseschmalz (ersatzweise Schweineschmalz)
Salz, Pfeffer
2 Prisen Zucker
1/2 TL Kümmel
600 g mehlig kochende Kartoffeln
Muskatnuss, frisch gerieben
2 EL gehackte Petersilie

Zubereitung: 1 Std. 10 Min.
Pro Portion ca.: 570 kcal

1. Das Fleisch in Würfel schneiden. Die Steckrüben großzügig schälen, dabei alle holzigen Teile entfernen, waschen und grob würfeln. Die Zwiebeln schälen und in kleine Würfel schneiden.

2. In einem Suppentopf das Schmalz erhitzen, das Fleisch darin anbraten. Zwiebeln und Steckrüben dazugeben und 2 Min. mitbraten. 3/4 l Wasser angießen, mit Salz, Pfeffer, Zucker und Kümmel würzen. Zugedeckt 20 Min. bei mittlerer Hitze kochen lassen.

3. Inzwischen die Kartoffeln schälen, waschen, grob würfeln und dazugeben. Weitere 15 Min. kochen lassen. Den Steckrübeneintopf mit Muskat abschmecken und mit der Petersilie bestreut servieren.

So schmeckt's auch

Deftige Einlage
Statt Schweinebauch 400 g durchwachsenen geräucherten Bauchspeck 30 Min. in 1/2 l Wasser köcheln lassen. Klein schneiden und (ohne das Kochwasser) zum Eintopf geben.

Steckrübensuppe
1,5 kg gewürfelte Steckrüben mit 3 grob gehackten Zwiebeln in 1 EL Butter anbraten. Mit 1 l Gemüsebrühe ablöschen, 2 Lorbeerblätter und einige Petersilienstängel dazugeben. 40–45 Min. kochen lassen. Pürieren, mit Pfeffer und Muskat abschmecken und nach Belieben noch etwas Sahne unterrühren.

Graupensuppe mit Kohlrabi

Für 4 Personen:
250 g Perlgraupen
2 kleine Kohlrabi
3 Kartoffeln
1 Möhre
1 Stange Lauch
1,5 l Gemüsebrühe
Salz
4 Knackwürste (Mettenden, Brühpolnische)
Pfeffer
2 Prisen Cayennepfeffer
1 Bund Petersilie

Zubereitung: 1 Std.
Pro Portion ca.: 685 kcal

1. Die Graupen in einem Topf mit reichlich Wasser in 15–20 Min. weich kochen, durch ein Sieb abgießen und kalt abspülen.

2. Inzwischen die Kohlrabi schälen und in Stifte schneiden. Die Kartoffeln schälen, waschen und in Würfel schneiden. Die Möhre schälen, den Lauch putzen und gründlich waschen, beides in dünne Scheiben schneiden.

3. Die Brühe erhitzen. Das Gemüse hineingeben, leicht salzen und in 12–15 Min. gar kochen.

4. Die Graupen und Würste dazugeben und 10 Min. in der Suppe ziehen lassen. Kräftig mit Pfeffer und Cayennepfeffer abschmecken.

5. Die Petersilie waschen und trockenschütteln, die Blätter fein hacken und unter die Suppe rühren.

Beilage: Bauernbrot

Tipp

Graupen sind geschälte, geschliffene und polierte Getreidekörner; die groben werden auch Kälberzähne genannt, die feinsten heißen Perlgraupen. Graupen sind eine gute Alternative zu Naturreis, sind genauso leicht zu kochen und enthalten überdies noch mehr wertvolle Ballaststoffe.

Frische Tomatensuppe

Für 4 Personen:
1 kg vollreife Tomaten
1 große Zwiebel
2 Knoblauchzehen
50 g Räucherspeck
2 EL Olivenöl
1–2 Stängel Thymian
1 Lorbeerblatt
1 TL Zucker
Salz, Pfeffer
2–3 EL Schmant (ersatzweise saure Sahne)
2–3 Stängel Basilikum

Zubereitung: 20 Min.
Garzeit: 30 Min.
Pro Portion ca.: 155 kcal

1. Die Tomaten waschen und grob zerschneiden. Die Zwiebel und den Knoblauch schälen und hacken. Den Speck in kleine Würfel schneiden.

2. Das Öl in einem Topf erhitzen. Darin zuerst den Speck, dann die Zwiebelwürfel und den Knoblauch anbraten. Die Tomaten dazugeben und kurz andünsten. 3/4 l heißes Wasser (oder Gemüsebrühe) zugießen. Thymian und Lorbeer hinzufügen und mit Zucker, Salz und Pfeffer würzen. Die Tomaten 30 Min. bei schwacher Hitze kochen lassen.

3. Die Suppe durch ein Sieb streichen und nochmals abschmecken. Die Tomatensuppe in Suppentassen verteilen, auf jede Portion etwas Schmant und einige Basilikumblättchen geben.

So schmeckt's auch

Feine Vorspeise
Mit **Knoblauch-Croûtons** wird daraus eine leckere Vorspeise: 2 Scheiben Toastbrot klein würfeln. 1 EL Butter in einer Pfanne zerlassen, die Brotwürfel darin rösten. 1–2 Knoblauchzehen schälen und dazupressen. Unter Schwenken weiterrösten, bis die Brotwürfel goldbraun sind.

Deftige Hauptmahlzeit
Fügen Sie noch gegarten Reis und Streifen von gekochtem Schinken hinzu. Und Sie können die Suppe natürlich auch mit Tomaten aus der Dose (800 g) zubereiten.

Überbackene Zwiebelsuppe

Für 4 Personen:
600 g Zwiebeln
1 Knoblauchzehe
2 EL Butter
1 1/4 l Fleischbrühe (Seite 8 oder Instant-Brühe)
Salz, Pfeffer
3–4 Scheiben Weißbrot (wahlweise Toastbrot)
1 Schuss trockener Weißwein (nach Belieben)
100 g geriebener Käse (z. B. Emmentaler, Greyerzer)

Zubereitung: 15 Min.
Garzeit: 40 Min.
Pro Portion ca.: 270 kcal

1. Die Zwiebeln schälen und in dünne Ringe schneiden. Den Knoblauch schälen und fein hacken.

2. In einem Topf die Butter zerlassen, die Zwiebeln und den Knoblauch darin hellgelb andünsten. Die Fleischbrühe dazugießen und mit Salz und Pfeffer würzen. Die Zwiebelsuppe bei schwacher Hitze 30 Min. kochen lassen.

3. Den Backofen auf 250° vorheizen. Das Brot in kleine Würfel schneiden. Die Suppe mit dem Wein abschmecken und in feuerfeste Suppentassen füllen. Mit Brotwürfeln bedecken und mit dem geriebenen Käse bestreuen. Etwa 8 Min. im heißen Ofen (Mitte, Umluft 220°) goldbraun überbacken.

So schmeckt's auch

Das französische Original
Ganze Weißbrotscheiben toasten oder kurz in der Pfanne oder im Backofen rösten. In feuerfeste Suppentassen legen und mit dem Käse bestreuen. Die Suppe vorsichtig am Rand einfüllen (dadurch steigt das Brot nach oben). Unter dem vorgeheizten Grill so lange überbacken, bis der Käse zerläuft.

Für 6 Personen:
4 große, fest kochende Kartoffeln
je 3 Möhren und Petersilienwurzeln
2 Stangen Lauch
je 1/2 Sellerieknolle und
1/2 Kopf Wirsing
2 Zwiebeln
700 g gemischtes Schmorfleisch (z. B. Rinderschulter, Schweinenacken, Lammschulter)
2 EL Schweineschmalz (ersatzweise Butterschmalz)
Salz, Pfeffer
3 Prisen Cayennepfeffer
1 TL Kümmel
1 1/2 TL getrockneter Majoran
2 Lorbeerblätter
1–2 Zweige Rosmarin
3/4 l heiße Fleischbrühe (Seite 8 oder Instant-Brühe)
1 Bund Petersilie

Zubereitung: 1 Std.
Garzeit: 2 Std.
Pro Portion ca.: 320 kcal

Tipp

Wenn Sie die Krautwickel von Seite 88 zubereiten, bleibt meist noch genügend Weißkohl übrig, um daraus noch einen deftigen **Weißkohleintopf** (siehe »So schmeckt's auch«) zu machen.

Pichelsteiner Eintopf

1. Kartoffeln, Möhren und Petersilienwurzeln schälen, waschen und in dünne Scheiben schneiden. Den Lauch putzen, gründlich waschen und in Ringe schneiden. Den Sellerie schälen und klein würfeln. Den Wirsing putzen, waschen und in Streifen schneiden. Die Zwiebeln schälen und klein würfeln.

2. Das Fleisch in kleine, mundgerechte Stücke schneiden. Das Schmalz in einem großen Topf (ideal ist ein Topf aus Gusseisen) erhitzen. Das Fleisch darin rundherum braun anbraten. Die Zwiebeln zugeben und kurz mitbraten. Alles mit Salz, Pfeffer und Cayennepfeffer würzen.

3. Den Backofen auf 175° (Umluft 160°) vorheizen. Von dem Fleisch etwa 2/3 aus dem Topf nehmen, das restliche Fleisch gleichmäßig auf dem Topfboden verteilen. Darauf eine Lage Kartoffeln und etwas von jedem Gemüse schichten. Leicht mit Salz, Pfeffer, Kümmel und Majoran würzen. 1 Lorbeerblatt und etwas Rosmarin dazulegen. Wieder eine Lage Fleisch, Kartoffeln und Gemüse einschichten und würzen. In dieser Reihenfolge die Zutaten einschichten, bis alles aufgebraucht ist, mit Kartoffeln abschließen.

4. Die heiße Brühe seitlich angießen und den Eintopf zugedeckt im Backofen (Mitte) etwa 2 Std. garen. Nicht zwischendurch umrühren!

5. Die Petersilie waschen und trockenschütteln, die Blätter fein hacken. Vor dem Servieren über den fertigen Eintopf streuen.

So schmeckt's auch

Weißkohleintopf
2 große Möhren und 3–4 große, fest kochende Kartoffeln schälen und in Scheiben schneiden. 1/2 Kopf Weißkohl (siehe Tipp links) putzen und in Streifen schneiden. Zusammen in einen Topf geben und mit Fleisch- oder Gemüsebrühe (Instant) gut bedecken. 1 Lorbeerblatt, etwas Kümmel, Pfeffer und Salz zugeben und zugedeckt 25–30 Min. garen. Unter den fertigen Eintopf reichlich gehackte Petersilie mischen. Wer mag, legt zwischendurch noch 2–3 Knackwürste hinein oder gibt zum Schluss gebratene Speck- und Zwiebelwürfel dazu. Übrigens: Weißkohl hat von allen Kohlsorten den höchsten Vitamin-C-Gehalt!

Tauschbörse
- Verwenden Sie anstelle von Lamm- (oder auch zusätzlich) Kalbfleisch (Nackenstück).
- Keine Fleischbrühe zur Hand? Sie können den Pichelsteiner Eintopf auch mit Wasser ansetzen, sollten dann aber stärker würzen.
- Rindermark gibt zusätzliches Aroma: Entweder einige Scheiben zwischen das Gemüse legen oder das Mark separat braten und auf dem fertigen Eintopf verteilen.

Linseneintopf mit Blutwurst

Für 4 Personen:
2 große Möhren
1 Stange Lauch
1 Petersilienwurzel
3 EL Schweineschmalz
250 g getrocknete braune Tellerlinsen
1 TL Majoran
Salz
1,5 l Gemüsebrühe (Instant)
2 große Kartoffeln
2 Zwiebeln
250 g Blutwurst
1 Bund Schnittlauch
2 EL Obstessig
1–2 EL Zucker
Pfeffer, frisch gemahlen

Zubereitung: 30 Min.
Garzeit: 40 Min.
Pro Portion ca.: 650 kcal

1. Die Möhren schälen und in dünne Scheiben schneiden. Den Lauch putzen, gründlich waschen und in dünne Ringe schneiden. Die Petersilienwurzel putzen und klein würfeln.

2. In einem Suppentopf 2 EL Schmalz erhitzen, das Gemüse darin andünsten. Linsen, Majoran und Salz dazugeben und die Gemüsebrühe angießen. 20 Min. kochen lassen.

3. Die Kartoffeln schälen, in kleine Würfel schneiden und hinzufügen. 15–20 Min. weiterkochen lassen, bis die Linsen weich sind.

4. Die Zwiebeln schälen, die Blutwurst pellen und beides in Scheiben schneiden. Das restliche Schmalz in einer Pfanne erhitzen, die Blutwurst darin knusprig braten.

5. Die gebratenen Blutwurstscheiben herausnehmen und warm stellen. Im Bratfett die Zwiebeln goldgelb braten.

6. Den Schnittlauch waschen, trockenschütteln und in Röllchen schneiden. Die Linsen mit Essig, Zucker und Pfeffer pikant abschmecken. Den Eintopf auf Teller verteilen und auf jede Portion etwas Blutwurst, Zwiebeln und Schnittlauch geben.

Löffelerbsen mit Speck

Für 6 Personen:
350 g getrocknete gelbe Erbsen
500 g Pökelfleisch (Eisbein, Spitzbein, Rippchen)
1 Lorbeerblatt
1 TL getrockneter Majoran
Salz
1–2 Bund Suppengrün (je nach Größe)
2 große Kartoffeln
100 g Räucherspeck
1 EL Schmalz
1/2 Bund Petersilie
Pfeffer, frisch gemahlen

Zubereitung: 30 Min.
Einweichzeit: 12 Std.
Garzeit: 2 Std. 20 Min.
Pro Portion ca.: 490 kcal

1. Die Erbsen für 12 Std. in einem Suppentopf in 2 1/4 l kaltem Wasser einweichen.

2. Die Erbsen im Einweichwasser zum Kochen bringen. Das Fleisch, das Lorbeerblatt, den Majoran und etwas Salz hinzufügen und bei schwacher Hitze etwa 2 Std. köcheln lassen, Schaum abschöpfen.

3. Das Suppengrün putzen und waschen, die Kartoffeln schälen und alles in kleine Würfel schneiden. Den Speck klein würfeln. Das Schmalz in einer Pfanne erhitzen und den Speck darin knusprig ausbraten. Das Suppengrün und die Kartoffelwürfel unter die Erbsen mischen.

4. Wenn die Erbsen fast weich sind, die Speck-Kartoffel-Mischung dazugeben, unterrühren und in 15–20 Min. fertig garen.

5. Die Petersilie waschen und trockenschütteln, die Blätter hacken. Das Fleisch aus dem Topf nehmen, klein schneiden und wieder untermischen. Den Eintopf mit Pfeffer und der gehackten Petersilie bestreu-

Tipp

Erbsen setzen schnell am Topfboden an, deshalb zwischendurch regelmäßig gut umrühren.

Für 4 Personen:
2 Zwiebeln
1 Knoblauchzehe
2 EL Butter
1 Dose Sauerkraut (300 g Inhalt)
1 l Gemüsebrühe (Instant)
200 g Sahne
je 1 TL edelsüßes und rosenscharfes Paprikapulver
1 TL Kümmel
1 TL Zucker
250 g Kasseler (ohne Knochen)
3 TL Meerrettich
Salz, Pfeffer
1/2 Bund Schnittlauch
4 TL saure Sahne

Zubereitung: 50 Min.
Pro Portion ca.: 435 kcal

Sauerkrautsuppe mit Kasseler

1. Die Zwiebeln und den Knoblauch schälen und fein würfeln. Die Butter in einem Topf zerlassen, Zwiebeln und Knoblauch darin glasig andünsten.

2. Das Sauerkraut grob zerschneiden und hinzufügen. Brühe und Sahne zugießen und mit den beiden Paprikapulvern, Kümmel und Zucker würzen. 20 Min. offen kochen lassen.

3. Das Kasseler in Streifen oder Würfel schneiden, in die Suppe geben und 10 Min. mitgaren. Den Meerrettich unterrühren, die Suppe mit Salz und Pfeffer abschmecken.

4. Den Schnittlauch waschen, trockenschütteln und in feine Röllchen schneiden. Auf jede Portion Suppe etwas Schnittlauch und 1 Klecks saure Sahne geben.

Tipp

Falls das rohe Sauerkraut sehr sauer schmeckt, vor dem Kochen kurz in einem Sieb kalt abspülen und gut abtropfen lassen.

Für 4 Personen:
350 g Rindergulasch
2 Zwiebeln
2 Knoblauchzehen
2 EL Schweineschmalz
1 EL Tomatenmark
1 EL edelsüßes Paprikapulver
Salz, Pfeffer
1 TL Kümmel
1 TL abgeriebene unbehandelte Zitronenschale
2 große mehlig kochende Kartoffeln
1/2 TL rosenscharfes Paprikapulver
1 Bund Dill
100 g saure Sahne

Zubereitung: 30 Min.
Garzeit: 1 Std. 20 Min.
Pro Portion ca.: 280 kcal

Pikante Gulaschsuppe

1. Größere Fleischstücke in etwa 2 cm kleine Würfel schneiden. Die Zwiebeln und den Knoblauch schälen und grob hacken.

2. Das Schmalz in einem Topf erhitzen und das Fleisch darin scharf anbraten. Die Zwiebeln dazugeben und unter Rühren hellgelb anbraten. Tomatenmark und Knoblauch dazugeben und kurz mitbraten.

3. Das Fleisch mit edelsüßem Paprikapulver, Salz, Pfeffer, Kümmel und Zitronenschale würzen. 1 1/4 l Wasser angießen, zugedeckt bei schwacher Hitze 1 Std. kochen lassen.

4. Die Kartoffeln schälen, in kleine Würfel schneiden und zur Suppe geben. 20 Min. mitkochen lassen und kurz vor dem Ende der Garzeit mit dem rosenscharfen Paprikapulver abschmecken.

5. Den Dill waschen, trockenschütteln und fein schneiden. Die Gulaschsuppe in Suppentassen verteilen. Auf jede Portion 1 Klecks saure Sahne und etwas Dill geben.

Kürbiscremesuppe

Für 4 Personen:
1 kg Kürbis (z. B. Hokkaido)
2 EL Butter
1/2 l Hühnerbrühe
100 g Sahne
Salz, Pfeffer
Cayennepfeffer
2 Prisen Zucker
2 EL Weißwein (nach Belieben)
2 EL Kürbiskerne
2 EL Kürbiskernöl

Zubereitung: 35 Min.
Pro Portion ca.: 605 kcal

1. Den Kürbis schälen, putzen und in grobe Würfel schneiden. In einem Suppentopf die Butter erhitzen, das Kürbisfleisch darin etwa 5 Min. andünsten. Die Hühnerbrühe zugießen und 6–8 Min. köcheln lassen, bis der Kürbis weich ist.

2. Die Sahne dazugeben und alles mit dem Pürierstab fein pürieren. Mit Salz, Pfeffer, Cayennepfeffer und Zucker und nach Belieben dem Wein abschmecken.

3. Die Kürbiskerne ohne Fett in einer Pfanne leicht anrösten, bis sie duften. Die Suppe auf Teller verteilen und jede Portion mit je 1/2 EL Kürbiskernöl und gerösteten Kürbiskernen garnieren.

Tipps

- Zusätzlich Weißbrot-Croûtons über die Suppe streuen.
- Die Saison nutzen und Kürbis auf Vorrat kochen, fein pürieren und portionsweise einfrieren.

Nudelsuppe mit Huhn

Für 4 Personen:
1 frisches, küchenfertiges Suppenhuhn (etwa 1,5 kg; ersatzweise 500 g Hühnerklein)
1 Bund Suppengrün
1 Zwiebel
1 Lorbeerblatt
1 Nelke
350 g breite Bandnudeln
Salz, Pfeffer
Muskatnuss, frisch gerieben
Streuwürze
1 Bund Petersilie

Zubereitung: 40 Min.
Garzeit: 1 Std. 30 Min.
Pro Portion ca.: 845 kcal

1. Das Huhn gründlich waschen, in einem Topf mit kaltem Wasser bedecken und bis zum Siedepunkt erhitzen. Bei schwacher Hitze 45 Min. köcheln lassen.

2. Das Suppengrün putzen, waschen und grob zerschneiden. Die Zwiebel schälen, das Lorbeerblatt mit der Nelke daran feststecken. Alles in den Topf geben und 45 Min. bei schwacher Hitze weiterköcheln lassen.

3. Das Huhn aus der Brühe heben. Das Fleisch von den Knochen lösen und klein schneiden. Die Möhre des Suppengrüns ebenfalls in kleine Würfel schneiden.

4. Die Nudeln nach Packungsanweisung bissfest kochen, das Kochwasser abgießen.

5. Die Hühnerbrühe durch ein Sieb zu den Nudeln gießen. Das Fleisch und die Möhrenwürfel unterrühren. Mit Salz, Pfeffer, Muskat und Streuwürze abschmecken.

6. Die Petersilie waschen und trockenschütteln, die Blätter fein hacken und über die Suppe streuen.

Gründonnerstags-Kräutersuppe

Für 4 Personen:
300 g gemischte Wildkräuter (z. B. Bärlauch, junge Brennnesseln, Sauerampfer, Schafgarbe, Brunnenkresse)
1 Kästchen Gartenkresse
je 1 Hand voll Kerbel und Spinat
1 Bund Petersilie
3–4 Frühlingszwiebeln
2 EL Butter
1 1/4 l Gemüsebrühe
Salz, Pfeffer
Muskatnuss, frisch gerieben
2 hart gekochte Eier
100 g Sahne

Zubereitung: 45 Min.
Pro Portion ca.: 270 kcal

Tipp

Knusprige Knoblauch-Croûtons über die Suppe streuen.

1. Alle Kräuter verlesen, kurz in einem Sieb abbrausen, gut abtropfen lassen und fein schneiden. Die Frühlingszwiebeln putzen, waschen und in dünne Scheiben schneiden.

2. In einem Topf die Butter zerlassen, die Frühlingszwiebeln darin andünsten. Die Kräuter unterrühren und die Brühe zugießen. Einmal aufkochen lassen und mit Salz, Pfeffer und Muskat abschmecken.

3. Die Eier pellen und fein hacken. Die Sahne unter die Suppe rühren, kurz erwärmen und auf Teller verteilen. Auf jede Portion etwas von dem gehacktem Ei geben.

Tipp

Die Kräutersuppe ist eine bayerische Spezialität, dort werden vor Ostern auf den Märkten die passenden Kräuter im gemischten Bund angeboten.
Die Tradition verlangt 9 Kräuter, viele davon, z. B. Spitzwegerich, Gänseblümchen- und Löwenzahnblätter können Sie selber auf Wiesen pflücken (möglichst nicht unmittelbar neben viel befahrenen Straßen!).

Kalte Gurkensuppe

Für 4 Personen:
2 Salatgurken
1–2 Knoblauchzehen
2 EL Olivenöl
800 g Sahnejoghurt
Salz, weißer Pfeffer
1/2 TL Zucker
1 1/2 EL Zitronensaft
1 Bund Dill

Zubereitung: 20 Min.
Pro Portion ca.: 350 kcal

1. Von den Gurken ein Stück abschneiden und beiseite legen, den Rest schälen und grob würfeln. Den Knoblauch schälen und mit den Gurkenstücken, Öl, Joghurt und etwas Wasser pürieren.

2. Die Gurkensuppe mit Salz, Pfeffer, Zucker und Zitronensaft pikant abschmecken. Auf vier Suppentassen oder -teller verteilen.

3. Den Dill waschen, trockenschütteln und fein hacken. Aus dem beiseite gelegten Gurkenstück mit einem Perlen- oder Kugelausstecher kleine Kügelchen ausstechen (oder die Gurke fein würfeln) und zusammen mit dem Dill über die Suppe streuen.

So schmeckt's auch

Frisch und kalorienarm
Wer Kalorien sparen möchte, kann die Gurkensuppe auch mit Buttermilch zubereiten.

Edle Vorspeise
Garnieren Sie die Gurkensuppe mit ein paar gegarten Shrimps oder Räucherlachsstreifen.

Kleine Speisen, Salate & Beilagen

Vorneweg oder dazu

»Der Appetit kommt beim Essen«, sagt man, und tatsächlich kann ein kleiner Salat als Einstieg gewaltigen Appetit auf mehr machen. Salate und andere »Kleinigkeiten« sind auch für den kleinen Hunger zwischendurch genau das Richtige. Ein Stück knuspriges Brot dazu und alles ist gut.

Oft sind es erst die Beilagen, die ein Hauptgericht zu einem Gesamtgenuss werden lassen und bei dem vielfältigen Gemüseangebot rund ums Jahr fällt die Auswahl bestimmt nicht schwer. Was auch immer Sie hiervon auswählen und zubereiten, alles ist bewährt und schmeckt garantiert.

Harzer Käsegehacktes

Für 3 Personen:
200 g nicht zu reifer Harzer Käse
1 rote Zwiebel
1 Bund Schnittlauch
1 TL Kümmel
100 g weiche Butter
1 EL Senf
1/2 TL rosenscharfes Paprikapulver
Pfeffer

Zubereitung: 20 Min.
Pro Portion ca.: 345 kcal

1. Den Käse klein würfeln. Die Zwiebel schälen und in feine Würfel schneiden. Den Schnittlauch waschen, trockenschütteln und in feine Röllchen schneiden. Den Kümmel fein hacken.

2. Käse, Zwiebel und Schnittlauch in einer Schüssel mit der weichen Butter gründlich vermischen. Mit Senf, Kümmel, rosenscharfem Paprikapulver und Pfeffer pikant abschmecken.

Beilagen: kräftiges Bauernbrot, Radieschen oder Rettich

Variante: Für bayerischen »Obazdn« 1 Camembert würfeln und mit 3 EL Sahne, 50 g Butter und den Würfeln von 1 kleinen Zwiebel verrühren. Mit Salz, Pfeffer und edelsüßem Paprikapulver abschmecken.

Schmantschinken

Für 4 Personen:
4 dicke Scheiben gekochter Schinken (à 100 g)
1/2 l Milch
2 EL Butter
1/2 EL Mehl
120 g Schmant (ersatzweise saure Sahne)
4 EL Sahne
Salz, Pfeffer
2 Prisen Zucker
1 EL Zitronensaft
2 EL Schnittlauchröllchen

Zubereitung: 10 Min.
Marinierzeit: 4 Std.
Pro Portion ca.: 360 kcal

1. Die Schinkenscheiben halbieren und etwa 4 Std. in der Milch einlegen. Danach den Schinken aus der Milch heben und mit Küchenpapier abtrocknen. 4 EL von der Milch aufheben.

2. In einer Pfanne die Butter erhitzen, den Schinken auf beiden Seiten rasch anbräunen. Den Schinken herausheben. Im Bratfett das Mehl anschwitzen. Die zurückbehaltene Milch und die Sahne einrühren und 2 Min. kochen lassen. Mit Salz, Pfeffer, Zucker und Zitronensaft abschmecken. Den Schinken in die Sauce legen und mit Schnittlauch bestreut servieren.

Beilagen: Kopfsalat und Kartoffelpüree

Schaumomelett

Für 2 Personen:
150 g gekochter Schinken
4 Eier
1/8 l Milch
1 EL Speisestärke
Salz
1 1/2 EL Butter
1/2 Bund gemischte Kräuter
(Petersilie, Dill, Schnittlauch)

Zubereitung: 20 Min.
Pro Portion ca.: 385 kcal

1. Den Schinken in kleine Würfel schneiden. Die Eier trennen und die Eiweiße steif schlagen. Die Eigelbe mit 2 EL Wasser, Milch und Speisestärke verrühren. Mit etwas Salz würzen und den Eischnee unterheben.

2. In einer großen Pfanne die Butter zerlassen und den Schinken darin kurz anbraten. Die Eiermasse darauf verteilen und zugedeckt 10 Min. bei schwacher Hitze stocken lassen, bis die Oberfläche trocken und die untere Seite schön goldgelb ist. Nicht umrühren!

3. Die Kräuter waschen, trockenschütteln und hacken. Das fertige Omelett auf eine Platte stürzen und mit den Kräutern bestreuen.

Tipp: Das Schaumomelett schmeckt auch kalt.

Überbackene Zucchini

Für 4 Personen:
1 kg Zucchini
Salz, Pfeffer
5 EL Mehl
8 EL Olivenöl
4 Knoblauchzehen
5 Eier, 150 g Schmant
100 g Käse, frisch gerieben
(z. B. Emmentaler, Parmesan)
Cayennepfeffer
je 2 Stängel Majoran und Thymian
1 TL Butter für die Form

Zubereitung: 35 Min.
Backzeit: 30 Min.
Pro Portion ca.: 550 kcal

1. Die Zucchini waschen und in nicht zu dünne Scheiben schneiden. Salzen, pfeffern und im Mehl wenden. Das Öl erhitzen, die Zucchini darin portionsweise anbraten und auf Küchenpapier abtropfen lassen.

2. Backofen auf 200° (Umluft 180°) vorheizen. Knoblauch schälen und hacken. Eier, Schmant und Käse verquirlen, mit Salz, Pfeffer und Cayennepfeffer würzen.

3. Eine flache feuerfeste Form ausfetten. Zucchini und Knoblauch darin verteilen. Die Kräuter waschen, die Blättchen abzupfen und darüber streuen. Mit der Eiermasse begießen und im Backofen (Mitte) 30 Min. backen.

Apfel-Chicorée-Salat

Für 4 Personen:
2–3 Äpfel
4 EL Zitronensaft
3 Stauden Chicorée
200 g Vollmilchjoghurt
2 Prisen Zucker
1 TL Meerrettich
2 EL Öl
Salz, Pfeffer
1 Hand voll Feldsalat
3–4 EL Studentenfutter (Rosinen, kleine Nüsse)

Zubereitung: 25 Min.
Pro Portion ca.: 190 kcal

1. Die Äpfel vierteln, schälen und das Kerngehäuse entfernen. Die Apfelviertel in dünne Scheiben schneiden und mit dem Zitronensaft beträufeln. Den Chicorée putzen, den harten Strunk entfernen und quer in Streifen schneiden.

2. Den Joghurt mit Zucker, Meerrettich und Öl gut verrühren. Mit Salz und Pfeffer abschmecken und gut mit den Äpfeln und dem Chicorée vermengen.

3. Den Feldsalat putzen, gründlich waschen und gut abtropfen lassen. Den Apfel-Chicorée-Salat in der Mitte einer großen Platte aufhäufen. Mit einem Kranz aus Feldsalat umlegen und mit dem Studentenfutter bestreut servieren.

So schmeckt's auch

Apfel-Schinken-Salat
2–3 Äpfel und je 100 g gekochten Schinken und Gouda in kleine Würfel schneiden. Mit je 3 EL Öl und Ketchup und 1 geriebenen Zwiebel verrühren. Mit Salz, Pfeffer und Cayennepfeffer würzen.

Apfel-Möhren-Salat
2 Äpfel und 3 Möhren schälen und grob in eine Schüssel raspeln. Mit 2 EL Zitronensaft, 4 EL Öl, etwas Pfeffer und 3 Prisen Zucker würzen. 1/2 Kästchen Gartenkresse vom Beet schneiden und unter den Salat mischen.

Rote-Beten-Salat

Für 6 Personen:
1 kg Rote Beten
2–3 Äpfel
3 Schalotten
4 EL Apfelsaft
4 EL Apfelessig
6 EL Öl
1 EL Zitronensaft
2 EL Preiselbeermeerrettich (aus dem Glas)
1 EL Zucker
Salz, Pfeffer
150 g Feldsalat
2 EL gehobelte Haselnüsse

Zubereitung: 40 Min.
Marinierzeit: 1 Std.
Pro Portion ca.: 205 kcal

1. Die Roten Beten und die Äpfel schälen und grob in eine Schüssel raspeln. Die Schalotten schälen und in kleine Würfel schneiden.

2. Apfelsaft und Essig in ein Töpfchen geben und aufkochen lassen. Die Schalotten hinzufügen, kurz darin erhitzen und etwas abkühlen lassen. Den Sud über die Raspel gießen.

3. Den Salat mit Öl, Zitronensaft, Meerrettich, Zucker, Salz und Pfeffer würzen. Abgedeckt etwa 1 Std. durchziehen lassen.

4. Den Feldsalat putzen, gründlich waschen und abtropfen lassen. Auf Teller verteilen, den Rote-Beten-Salat darauf anrichten und mit den Haselnüssen bestreut servieren.

Tipp

Da die Roten Beten beim Verarbeiten stark färben, Einweghandschuhe anziehen oder die Hände danach mit Zitronensaft säubern.

Grüner Bohnensalat

Für 4 Personen:
500 g grüne Bohnen
3–4 Stängel Bohnenkraut
Salz
1–2 rote Zwiebeln
4 EL Weinessig
Pfeffer
3 Prisen Zucker
6 EL Sonnenblumenöl

Zubereitung: 45 Min.
Marinierzeit: 1 Std.
Pro Portion ca.: 200 kcal

1. Die Bohnen putzen, in ca. 3 cm lange Stücke schneiden und in einem Sieb abbrausen. Zusammen mit dem Bohnenkraut in einen Topf geben, mit Wasser bedecken, salzen und in 8–10 Min. bissfest garen.

2. Die grünen Bohnen abgießen, etwas abkühlen lassen und in eine Schüssel geben. Das Bohnenkraut entfernen.

3. Die Zwiebeln schälen und klein würfeln. Aus dem Essig, Pfeffer, Zucker, etwas Salz und Öl eine Salatsauce rühren. Die Zwiebeln unterrühren und unter die Bohnen mischen. Den Bohnensalat abgedeckt 1 Std. durchziehen lassen.

So schmeckt's auch

Wachsbohnensalat
500 g geputzte Wachsbohnen in Salzwasser garen, abgießen und abtropfen lassen. Unter die Salatsauce (siehe links) noch je 1–2 EL Meerrettich (aus dem Glas) und geriebene Zwiebel rühren.

Tomatensalat mit Zwiebeln

Für 4 Personen:
500 g reife Tomaten
2 Frühlingszwiebeln
(ersatzweise 1 Zwiebel)
Salz
Pfeffer, frisch gemahlen
2–3 EL Kräuteressig
1 TL Zucker
4 EL Öl
1/2 Bund Schnittlauch

Zubereitung: 15 Min.
Pro Portion ca.: 110 kcal

1. Die Tomaten waschen, in Scheiben schneiden und dabei die Stielansätze entfernen. Die Tomatenscheiben auf einer Platte anrichten.

2. Die Frühlingszwiebeln putzen, waschen und mit dem grünen Teil klein schneiden. Auf den Tomaten verteilen und mit Salz und Pfeffer würzen.

3. Den Essig mit Zucker und Öl verrühren und darüber träufeln. Den Schnittlauch waschen, trockenschütteln, in Röllchen schneiden und den Salat damit bestreuen.

So schmeckt's auch

Tomaten-Gurken-Salat
4 große Tomaten und 1 Salatgurke waschen, 2 rote Zwiebeln schälen. Alles in kleine Stückchen schneiden. Aus 250 g Joghurt, etwas Milch, 1 durchgepressten Knoblauchzehe, Salz, Pfeffer, etwas Cayennepfeffer und 2 Prisen Zucker eine Salatsauce rühren und untermischen.

Pikanter Wurstsalat

Für 4 Personen:
1 Ring Fleischwurst (Lyoner; etwa 500 g)
4–5 Gewürzgurken + Gurkensud (aus dem Glas)
2 Zwiebeln
je 2 EL Senf und Meerrettich
4 EL Apfelessig
4 EL Öl
Salz, Pfeffer
1/2 TL rosenscharfes Paprikapulver
3 Prisen Zucker
2 EL Schnittlauchröllchen

Zubereitung: 30 Min.
Marinierzeit: 1 Std.
Pro Portion ca.: 497 kcal

1. Die Wurst pellen und in dünne Scheiben schneiden. Die Gurken abtropfen lassen und in Scheiben schneiden. Die Zwiebeln schälen und in feine Ringe schneiden.

2. In einer Schüssel den Senf mit Meerrettich, Essig, Öl, 3–4 EL Gurkensud und 3 EL Wasser gut verrühren. Mit Salz, Pfeffer, Paprika und Zucker abschmecken.

3. Die Wurst mit den Gurken, Zwiebeln, Schnittlauch und der Marinade vermengen. Mindestens 1 Std. durchziehen lassen.

Beilage: kräftiges Bauernbrot

So schmeckt's auch

Sie können auch Jagdwurst, Bierschinken oder Gelbwurst für den Wurstsalat nehmen oder nach Belieben Käsestreifen, Kapern oder Silberzwiebeln untermischen.

Bunter Nudelsalat

Für 4 Personen:
250 g kurze dicke Nudeln (z. B. Hörnchen)
Salz
5 EL Olivenöl
1 Zwiebel
2 Knoblauchzehen
50 g Rucola (Rauke)
150 g Kirschtomaten
150 g Champignons
Pfeffer
1 EL Butter
4 EL Apfelessig
4 EL Orangensaft
1 TL Senf
1 TL Zucker

Zubereitung: 50 Min.
Pro Portion ca.: 385 kcal

1. Die Nudeln in reichlich Salzwasser mit 1 EL ÖL nach Packungsanweisung bissfest kochen. In ein Sieb abgießen, kalt abschrecken und gut abtropfen lassen.

2. Inzwischen die Zwiebel und den Knoblauch schälen und klein würfeln. Den Rucola waschen, harte Stiele entfernen, Blätter etwas klein schneiden. Die Tomaten waschen und halbieren. Die Champignons putzen und in Scheiben schneiden.

3. Das restliche Öl in einer großen Pfanne erhitzen, die Pilze darin kurz anbraten. Mit Salz und Pfeffer würzen, herausnehmen.

4. Die Butter zum Bratfett in die Pfanne geben, erhitzen und die Zwiebel und den Knoblauch darin etwa 1 Min. andünsten.

5. Essig, Orangensaft, Senf und Zucker einrühren und 2 Min. bei schwacher Hitze köcheln lassen. Die Nudeln dazugeben, gut durchschwenken und in eine große Schüssel füllen. Pilze, Tomaten und Rucola dazugeben und mit den Nudeln gut vermengen.

So schmeckt's auch

Unter die Nudeln statt der Champignons 1 Dose zerpflückten Tunfisch (140 g Abtropfgewicht; im eigenen Saft), 60 g Kapern und 100 g Käsestreifen mischen.

Bunter Bauernsalat

Für 4 Personen:
4 Eier
150 g Fleischwurst (Lyoner, wahlweise Regensburger)
150 g Bergkäse am Stück (wahlweise Gouda)
3 Tomaten
1/2 Gurke
4 Portionen verschiedene Blattsalate (z. B. Eisbergsalat, Kopfsalatherzen, Eichblattsalat und etwas Rucola)
2 Knoblauchzehen
3 EL Apfelessig
1 TL Senf
Salz, Pfeffer
2 Prisen Zucker
6 EL Sonnenblumenöl
3 Stängel Estragon

Zubereitung: 50 Min.
Pro Portion ca.: 480 kcal

1. Die Eier 8–10 Min. hart kochen, kalt abschrecken, pellen und vierteln. Die Wurst pellen, vom Käse die Rinde entfernen und beides in grobe Würfel schneiden.

2. Die Tomaten waschen und achteln. Die Gurke schälen und in Würfel schneiden. Die Salate putzen, waschen, in mundgerechte Stücke zupfen und trockenschleudern.

3. Blattsalate auf vier Teller verteilen und darauf Wurst, Käse, Eier, Tomaten und Gurken anrichten.

4. Den Knoblauch schälen und in eine Schüssel pressen. Mit Essig, Senf, Salz, Pfeffer und Zucker verrühren und zuletzt das Öl unterschlagen. Die Estragonblättchen abzupfen, klein schneiden und unterrühren. Die Sauce auf den Salaten verteilen.

Beilage: Vollkornbrot und Butter

So schmeckt's auch

Anstelle von Wurst können Sie gebratene Hähnchenbruststreifen nehmen. Gut schmecken auch Champignons, Radieschen, gelbe oder rote Paprikastreifen sowie Oliven oder Nüsse dazu.

Kartoffelsalat mit Speck

Für 4 Personen:
1 kg kleinere, vorwiegend fest kochende Kartoffeln
1 TL Kümmel
100 g durchwachsener Räucherspeck
2 EL Öl
3–4 Gewürzgurken + Gurkensud (aus dem Glas)
1 Zwiebel
1/4 l Fleischbrühe (Instant)
3 EL Apfelessig
1 TL Zucker
Salz, Pfeffer
1 EL scharfer Senf
1 Bund Schnittlauch

Zubereitung: 1 Std.
Marinierzeit: 1 Std.
Pro Portion ca.: 360 kcal

1. Die Kartoffeln waschen und mit dem Kümmel in einen Topf geben. Mit Wasser bedecken und in 20–25 Min. weich kochen. Abgießen und ausdampfen lassen. Die Kartoffeln pellen und in Scheiben schneiden.

2. Den Speck in kleine Würfel schneiden. Das Öl in einer Pfanne erhitzen, den Speck darin knusprig ausbraten. Die Gurken abtropfen lassen und in Stückchen schneiden.

3. Die Zwiebel schälen und klein würfeln. Die Brühe in einem Töpfchen erhitzen und mit Essig, Zucker, Salz und Pfeffer würzen. Die Zwiebeln und den Senf unterrühren und über die Kartoffeln gießen. Speck, Gurken und 4 EL Gurkensud unter die Kartoffeln mengen.

4. Den Schnittlauch waschen, trockenschütteln, in Röllchen schneiden und unter den fertigen Kartoffelsalat mischen. Abgedeckt 1 Std. durchziehen lassen.

Tipp

Den Salat mit Tomaten-, Ei- oder Radieschenscheiben garnieren.

Schichtsalat

Für 8 Personen:
6 Eier
2 Gläser Selleriesalat in Streifen (à 190 g Abtropfgewicht)
2 kleine Dosen Gemüsemais (à 140 g Abtropfgewicht)
200 g Hartkäse (z. B. Gouda oder Bergkäse)
200 g gekochter Schinken
2 Äpfel
1 Stange Lauch
1 kleine Dose Ananasstückchen (140 g Abtropfgewicht)
250 ml Salatmayonnaise mit Joghurt (Glas oder Flasche)

Zubereitung: 1 Std.
Marinierzeit: 24 Std.
Pro Portion ca.: 485 kcal

1. Die Eier in 8–10 Min. hart kochen, kalt abschrecken und pellen, 4 davon vierteln. Selleriesalat und Mais jeweils in einem Sieb abtropfen lassen. Käse und Schinken in Streifen schneiden.

2. Die Äpfel schälen, vierteln, das Kerngehäuse entfernen und in dünne Scheiben schneiden. Den Lauch putzen, gründlich waschen und bis zum dunkelgrünen Teil in feine Ringe schneiden. Die Ananasstückchen abgießen und abtropfen lassen, den Saft anderweitig verwenden.

3. Alle Zutaten in folgender Reihenfolge in eine große Glasschüssel schichten (nicht umrühren!): die Hälfte des Selleriesalates, die Hälfte vom Mais, die geviertelten Eier, die Hälfte der Käsestreifen, die Hälfte der Mayonnaise, die Ananasstückchen, den Schinken, den restlichen Selleriesalat, die Äpfel, die restliche Mayonnaise, den restlichen Mais, den Lauch und den restlichen Käse.

4. Die restlichen 2 Eier achteln, den Salat damit garnieren. Mit Klarsichtfolie abdecken und 24 Std. im Kühlschrank durchziehen lassen.

Tipp

Zusätzlich 2–3 Möhren schälen, fein raspeln, mit Zitronensaft und Zucker würzen und zwischen dem Sellerie und Mais einschichten.

Eiersalat mit Kresse

Für 4 Personen:
8 Eier
500 g Äpfel
250 g Gewürzgurken (aus dem Glas)
3 Frühlingszwiebeln
1 Kästchen Gartenkresse
3 TL kleine Kapern (aus dem Glas)
200 g saure Sahne
200 g Sahnejoghurt
1 EL scharfer Senf
Salz, Pfeffer
1/2 TL rosenscharfes Paprikapulver
2 Prisen Zucker
8–10 Kirschtomaten

Zubereitung: 30 Min.
Marinierzeit: 30 Min.
Pro Portion ca.: 385 kcal

1. Die Eier in 8–10 Min. hart kochen, kalt abschrecken, pellen und vierteln.

2. Die Äpfel schälen, vierteln, das Kerngehäuse entfernen und in dünne Scheiben schneiden. Die Gewürzgurken abtropfen lassen und in Stifte schneiden. Frühlingszwiebeln putzen, waschen und in feine Ringe schneiden. Die Kresse vom Beet schneiden und mit allen vorbereiteten Zutaten und den Kapern in eine Salatschüssel geben.

3. Die saure Sahne mit Joghurt und Senf verrühren. Mit Salz, Pfeffer, Paprikapulver und Zucker abschmecken und vorsichtig mit dem Salat vermengen.

4. Die Kirschtomaten waschen, größere halbieren und den Salat damit garnieren. Abgedeckt 30 Min. im Kühlschrank durchziehen lassen.

Beilage: Vollkornbrot, Toastbrot

So schmeckt's auch

Russische Eier
Die hart gekochten Eier halbieren, die Eigelbe herauslösen, durch ein Sieb streichen und mit etwas Öl, Senf, Salz und Pfeffer würzen. Die Masse in die Eiweißhälften füllen und mit Kaviar und Sardellenfilets garnieren.

Für 4 Personen:
2 kg weißer Spargel
Salz
1 EL Zucker
2 EL Butter
3 EL Zitronensaft
Für die Sauce hollandaise:
250 g Butter
4 Eigelbe
Salz
1 TL Zitronensaft
Für die Kräutermayonnaise:
1–2 Bund gemischte Kräuter (z. B. Basilikum, Kresse, Dill, Petersilie, Schnittlauch, Estragon; soll gehackt etwa 8 EL ergeben)
2 Eigelbe
Salz, Pfeffer
1 Prise Zucker
1/4 l Olivenöl
5–6 EL Zitronensaft
Für die Schinken-Kerbel-Sauce:
150 g gekochter Schinken
1 Bund Kerbel
4 EL Butter
Salz
200 g Frischkäse (20 % Fett)
1/8 l Milch
2 Eigelbe
weißer Pfeffer
100 g Sahne

Zubereitung: 1 Std. 30 Min.
Pro Portion mit Sauce hollandaise ca.: 661 kcal
Pro Portion mit Kräutermayonnaise ca.: 535 kcal
Pro Portion mit Schinken-Kerbel-Sauce ca.: 415 kcal

Spargel mit drei Saucen

1. Den Spargel waschen. Die Stangen schälen und die trockenen Enden abschneiden.

2. In einem großen weiten Topf 1 1/2 l Salzwasser zum Kochen bringen. Zucker, Butter und Zitronensaft hinzufügen. Den Spargel darin zugedeckt 15–20 Min. kochen. Mit einem Schaumlöffel herausheben, auf einer Platte anrichten und mit den Saucen servieren.

3. Für die Sauce hollandaise die Butter in einem Töpfchen schmelzen, kurz aufschäumen lassen und beiseite stellen. Ein Wasserbad vorbereiten, eine Edelstahlschüssel mit den Eigelben, 2 Prisen Salz und 4 EL Wasser hineinsetzen und mit dem Schneebesen cremig rühren. Vorsichtig die warme, flüssige Butter (ohne die abgesetzte Molke) zuerst tropfenweise, dann in dünnem Strahl unterrühren. Den Zitronensaft unterrühren.

4. Die Kräuter verlesen, waschen trockenschütteln und fein hacken. Die Eigelbe mit etwas Salz, Pfeffer und Zucker in eine Schüssel geben und mit dem Handrührgerät cremig aufschlagen. Erst tropfenweise, dann in dünnem Strahl das Öl hinzufügen und weiterschlagen, bis eine dicke Mayonnaise entsteht. Kräuter und Zitronensaft unterrühren.

5. Für die Schinken-Kerbel-Sauce den Schinken in kleine Würfel schneiden. Den Kerbel kurz abbrausen, die Blättchen fein schneiden. Die Butter in einem Pfännchen schmelzen, 1 Prise Salz hinzufügen und leicht bräunen. Den Frischkäse mit Milch und Eigelben glatt rühren. Die braune Butter unterrühren, mit Pfeffer abschmecken. Die Sahne steif schlagen und unmittelbar vor dem Servieren mit dem gehackten Kerbel unterrühren.

Beilagen: neue Kartoffeln, Schinken, Rührei, Räucherlachs oder frischer Lachs, Kalbsschnitzel, Schweinefilet

Tipps

- Der Spargel ist gar, wenn sich das Ende der Spargelstangen mit einem spitzen Messer leicht durchstechen lässt.
- Aus dem Spargelkochwasser können Sie eine Spargelsuppe zubereiten.

So schmeckt's auch

Malteser Sauce
Für diese fruchtige Variante der Sauce hollandaise die Eigelbe nicht mit Wasser, sondern mit 4 EL Blutorangensaft cremig rühren und zusätzlich etwas abgeriebene unbehandelte Orangenschale unterziehen.

Spargel grün/weiß
1 kg weißen und 500 g grünen Spargel (davon nur das untere Drittel schälen) verwenden und zuerst den weißen, nach 5 Min. den grünen Spargel ins Kochwasser geben. Zusammen farblich dekorativ abwechselnd auf einer Platte anrichten.

Junges Möhrengemüse

Für 3 Personen:
1 Bund junge Möhren (geputzt ca. 350 g, ersatzweise lose Möhren)
Salz
1/2 TL Zucker
1 Frühlingszwiebel
2 EL Butter
1 EL Mehl
ca. 1/8 l Milch
Pfeffer
Streuwürze
Muskatnuss, frisch gemahlen
je 2 EL gehacktes Basilikum und Petersilie

Zubereitung: 30 Min.
Pro Portion ca.: 120 kcal

1. Die Möhren putzen, schälen (oder gut abschaben) und in Scheiben schneiden. In einem Topf knapp mit Wasser bedecken, mit Salz und Zucker würzen und in 7–8 Min. bissfest garen. In ein Sieb abgießen, das Kochwasser dabei auffangen.

2. Die Frühlingszwiebel putzen, waschen und klein schneiden. Die Butter in einem Topf erhitzen, die Frühlingszwiebel andünsten und das Mehl einrühren. Etwas Möhrenkochwasser und soviel Milch zugießen, dass eine sämige Mehlschwitze entsteht. 2 Min. köcheln lassen und mit etwas Pfeffer, Streuwürze und Muskat abschmecken. Die abgetropften Möhren und Kräuter untermischen.

Beilage zu: Buletten, Hackbraten, Schnitzeln, Rouladen

So schmeckt's auch

Glasierte Möhrchen
1 Bund junge Möhren putzen, größere längs durchschneiden. 3 EL Butter in einem Topf erhitzen, 1 1/2 EL Zucker darin leicht karamellisieren lassen. Die Möhren darin kurz andünsten und 1/8 l Gemüsebrühe zugießen. Mit Salz, Pfeffer und 1 EL Zitronensaft würzen. 10 Min. köcheln lassen, dabei den Topf öfter rütteln, damit die Möhren rundherum glasiert werden und schön glänzen.

Rosenkohl mit Speck

Für 4 Personen:
750 g Rosenkohl
Salz
80 g durchwachsener Räucherspeck
2 EL Butter
Pfeffer
Muskatnuss, frisch gerieben
2 EL gehackte Petersilie

Zubereitung: 40 Min.
Pro Portion ca.: 200 kcal

1. Den Rosenkohl putzen, waschen und in Salzwasser in 12–15 Min. bissfest garen. Kochwasser abgießen, den Rosenkohl warm halten.

2. Den Speck in kleine Würfel schneiden. In einer großen Pfanne die Butter erhitzen und den Speck unter Rühren darin knusprig anbraten. Den Rosenkohl dazugeben, im Speck schwenken und mit Pfeffer und Muskat würzen. Mit der Petersilie bestreuen und zum Servieren in eine vorgewärmte Schüssel füllen.

Beilage zu: großen Braten, Wild, Geflügel, Kurzgebratenem und Hackfleischgerichten

So schmeckt's auch

Rosenkohl in Mandelbutter
40 g Mandelblättchen in einer Pfanne in 3 EL Butter goldbraun rösten und den gekochten Rosenkohl darin schwenken.

Rosenkohlpüree
500 g gekochten Rosenkohl fein hacken und mit 50 g in Butter gebratenen Speckwürfelchen mischen. 4 EL Crème fraîche unterziehen und mit Zitronensaft, Pfeffer und Muskat abschmecken.

Bayerisch Kraut

Für 4 Personen:
600 g Weißkraut (Weißkohl)
1 Zwiebel
50 g durchwachsener Räucherspeck
2 EL Gänseschmalz (wahlweise Schweineschmalz)
1 1/2 EL Zucker
1/4 l Fleischbrühe
Salz, Pfeffer
1 TL Kümmel
2 EL Weinessig
1 Apfel
1 TL Speisestärke

Zubereitung: 20 Min.
Garzeit: 40 Min.
Pro Portion ca.: 180 kcal

1. Vom Kraut die äußeren Blätter entfernen, den Kopf vierteln und den Strunk entfernen. Die Viertel quer in dünne Streifen schneiden. Die Zwiebel schälen und klein würfeln. Den Speck in kleine Würfel schneiden.

2. In einem Topf das Schmalz erhitzen, darin zuerst den Speck und dann die Zwiebel anbraten. Mit dem Zucker bestreuen und unter ständigem Rühren leicht karamellisieren lassen. Die Brühe zugießen und mit Salz, Pfeffer, Kümmel und Weinessig würzen. 3 Min. köcheln lassen.

3. Inzwischen den Apfel vierteln, schälen, das Kerngehäuse entfernen und klein würfeln. Die Apfelstückchen und das Weißkraut in den Topf geben und 35–40 Min. zugedeckt bei schwacher Hitze schmoren lassen.

4. Die Speisestärke in einer Tasse mit 3 TL kaltem Wasser anrühren und unter das fertige Kraut rühren. Einmal aufkochen lassen und nochmals abschmecken.

Beilage zu: Schweinebraten, Hackbraten, Buletten, Bratwurst, Gänsebraten

So schmeckt's auch

Weißkrautsalat
250 g Weißkohl in feine Streifen hobeln. 2 Möhren schälen und in dünne Scheiben hobeln. Beides mit 4 EL Salatmayonnaise mischen und 30 Min. durchziehen lassen. Vor dem Servieren 2 rote Äpfel in feine Stifte schneiden und mit 2 EL Schnittlauchröllchen unter den Salat heben.

Apfelrotkohl

Für 4 Personen:
1 kleiner Kopf Rotkohl (ca. 750 g)
2 säuerliche Äpfel
1 Zwiebel
2 EL Gänseschmalz
3–4 EL Apfelessig
1/4 l Apfelsaft
2 Nelken
1–2 Lorbeerblätter
Salz, Pfeffer
1 EL Zucker

Zubereitung: 30 Min.
Garzeit: 50 Min.
Pro Portion ca.: 160 kcal

1. Den Rotkohl putzen, vierteln und quer in feine Streifen schneiden. Die Äpfel und Zwiebel schälen und in Würfel schneiden.

2. In einem Topf das Schmalz erhitzen, Apfel- und Zwiebelwürfel darin andünsten. Rotkohl und Essig unterrühren und den Apfelsaft (oder Wasser) zugießen.

3. Die Nelken und Lorbeerblätter hinzufügen und mit Salz, Pfeffer und Zucker würzen. Bei mittlerer Hitze zugedeckt etwa 50 Min. garen. Zwischendurch umrühren, eventuell noch etwas Flüssigkeit nachgießen.

Beilage zu: Rindsrouladen, Gänsebraten, Schweinebraten, Wildgeflügel

So schmeckt's auch

Rotkohl (je nach Region auch Rotkraut oder Blaukraut genannt) und Apfelwürfel in Butter andünsten, statt mit Apfelsaft mit halb Rotwein und halb Wasser aufgießen. Den fertigen Rotkohl mit 2 EL Apfel-, Quitten- oder Johannisbeergelee abschmecken.

Für 4 Personen:
1 kg mehlig kochende Kartoffeln
Salz
etwa 1/4 l heiße Milch
Muskatnuss, frisch gerieben
2 EL Butter

Zubereitung: 40 Min.
Pro Portion ca.: 220 kcal

Kartoffelpüree

1. Die Kartoffeln schälen, waschen und vierteln. Knapp mit Wasser bedecken, salzen und in 15–20 Min. weich kochen.

2. Das Wasser abgießen und die Kartoffeln unter Schütteln ausdampfen lassen. Im Topf mit einem Stampfer zerdrücken.

3. So viel Milch mit dem Schneebesen unter die zerdrückten Kartoffeln rühren, bis ein lockeres Püree entsteht. Mit Muskat und eventuell noch etwas Salz würzen. Zum Schluss die Butter unterrühren.

Beilage zu: gebratener Leber, Rouladen, Bratwurst, Buletten

So schmeckt's auch

- 500 g Petersilienwurzeln schälen und in Stücke schneiden, 1 Zwiebel schälen und vierteln. Zusammen mit den Kartoffeln (1 kg) im Salzwasser weich kochen. Wie beschrieben stampfen, Milch und Butter unterrühren, würzen. 1–2 Bund Petersilie waschen, die Blätter hacken und untermischen.
- 1/2 Kopf Endiviensalat putzen, waschen und in Streifen schneiden. Kurz in 2 EL heißer Butter schwenken und unter das fertige Kartoffelpüree mischen.

Für 10 Stück:
500 g mehlig kochende Kartoffeln
Salz
50 ml Sahne
1 EL Butter
1 Ei
2 EL Mehl
Pfeffer
Muskatnuss, frisch gerieben
4 EL Butterschmalz (wahlweise Öl)

Zubereitung: 45 Min.
Pro Stück ca.: 100 kcal

Kartoffelplätzchen

1. Die Kartoffeln schälen, waschen und grob würfeln. In Salzwasser in etwa 15 Min. weich kochen. Abgießen und ausdampfen lassen.

2. Die Sahne mit der Butter in einem Topf erhitzen, die Kartoffeln durch die Presse dazudrücken. Ei und Mehl untermischen, mit Salz, Pfeffer und Muskat würzen.

3. In einer Pfanne das Fett erhitzen. Die Kartoffelmasse in einen Spritzbeutel (ohne Tülle) füllen und kleine Plätzchen direkt in die Pfanne drücken. Etwas flach drücken und auf jeder Seite etwa 3 Min. braten.

So schmeckt's auch

Kartoffelkroketten
1 kg durchgepresste Kartoffeln mit je 2 EL Butter und Mehl und 3 Eigelben verrühren und mit Salz, Pfeffer und Muskat würzen. Aus dem Teig kurze, daumendicke Kroketten formen. In heißem Öl in etwa 4 Min. goldbraun ausbacken, herausnehmen und auf Küchenpapier abtropfen lassen.

Thüringer Klöße

Für 12 Stück:
700 g Pellkartoffeln vom Vortag
1 Brötchen vom Vortag
1 EL Butter
Salz
2 kg große, mehlig kochende Kartoffeln

Zubereitung: 1 Std.
Pro Stück ca.: 145 kcal

1. Die Kartoffeln vom Vortag pellen und fein reiben. Das Brötchen in kleine Würfel schneiden und in der Butter knusprig anrösten. In einem großen, breiten Topf reichlich Salzwasser zum Kochen bringen.

2. Die rohen Kartoffeln schälen, waschen und fein reiben. Die Masse nach und nach durch einen feuchten Kloßsack oder ein Küchentuch über einer Schüssel auspressen. Das ausgetretene Wasser stehen lassen, bis sich die Stärke am Boden abgesetzt hat.

3. Die trockene Kartoffelmasse mit ca. 1 Tasse kochendem Wasser überbrühen und die abgesetzte Stärke (ohne Wasser) dazugeben. Die gekochten Kartoffeln untermischen und mit Salz würzen.

4. Mit angefeuchteten Händen Klöße formen. In die Mitte jeweils 3–4 Brötchenwürfel drücken, den Teig darüber wieder gut verschließen. Die Klöße ins siedende Wasser geben und bei schwacher Hitze etwa 30 Min. ziehen (nicht kochen!) lassen.

Beilage zu: Gänse- und Entenbraten, Wild, Kaninchen, Rouladen

Butterspätzle

Für 6 Personen:
Salz
500 g Mehl
2 Eier
gut 1/4 l Milch
100 g Butter
Muskatnuss, frisch gerieben

Zubereitung: 30 Min.
Pro Portion ca.: 460 kcal

1. In einem weiten Topf reichlich Wasser zum Kochen bringen und leicht salzen. Das Mehl mit den Eiern, 1/2 Teelöffel Salz und soviel Milch verrühren, bis ein glatter und zähflüssiger Teig entsteht. Zugedeckt 5 Min. ruhen lassen.

2. Den Teig nach und nach durch eine Spätzlepresse ins kochende Salzwasser drücken. Sobald die Spätzle an der Oberfläche schwimmen, mit einem Schaumlöffel herausheben und in kaltem Salzwasser abschrecken. Wenn alle Spätzle fertig sind, abgießen und abtropfen lassen.

3. In einer Pfanne die Butter erhitzen und die Spätzle darin kurz schwenken. Mit Muskat würzen.

Beilage zu: Pilz- oder Wildgerichten, Rinderbraten

Tipp

Es geht auch ohne Spätzlepresse: Den Spätzleteig nach und nach auf ein feuchtes Brettchen geben und mit einem Messer schmale Teigstreifchen in das kochende Wasser schaben.

Bayerische Semmelknödel

Für 4 Personen:
6–8 Semmeln (Brötchen, etwa 300 g) vom Vortag
1/4 l Milch
1 Bund Petersilie
1 Zwiebel
1 EL Butter
Salz
3 Eier
Pfeffer
Muskatnuss, frisch gerieben
1 TL abgeriebene unbehandelte Zitronenschale

Zubereitung: 30 Min.
Garzeit: 20 Min.
Pro Portion ca.: 350 kcal

1. Die Semmeln in dünne Scheiben schneiden und in eine große Schüssel geben. Die Milch erhitzen und darüber gießen, 20 Min. quellen lassen.

2. Die Petersilie waschen und trockenschütteln, die Blätter fein hacken. Die Zwiebel schälen und in kleine Würfel schneiden. Die Butter erhitzen, die Zwiebel darin glasig andünsten und beiseite stellen. In einem großen, weiten Topf reichlich Salzwasser zum Kochen bringen.

3. Die eingeweichten Semmeln mit Eiern, Zwiebel und Petersilie gut vermengen. Mit Salz, Pfeffer, Muskat und Zitronenschale würzen. Mit angefeuchteten Händen kleine Knödel formen und im siedenden Wasser 20 Min. ziehen (nicht kochen!) lassen.

Beilage zu: Pilz- und Wildgerichten, Schweinebraten

Tipps

- Übrig gebliebene Knödel in Scheiben schneiden und in Butterschmalz aufbraten.
- Für einen Salat lauwarme Knödel würfeln und in einer Sauce aus Salz, Pfeffer, Essig, Zucker, Zwiebelwürfelchen, Schnittlauchröllchen und goldbraun zerlassener Butter durchziehen lassen.

Thüringer Serviettenkloß

Für 4 Personen:
6 Brötchen vom Vortag
1/2 l Milch
Salz
1 Zwiebel
3 EL Butter
2 Scheiben Weißbrot
1 Bund Petersilie
6 Eier
Pfeffer
Muskatnuss, frisch gerieben
2 EL Grieß
Küchengarn

Zubereitung: 20 Min.
Quellzeit: 30 Min.
Garzeit: 50 Min.
Pro Portion ca.: 500 kcal

1. Die Brötchen in Würfel oder Scheiben schneiden. Die Milch erhitzen und darüber gießen, 30 Min. quellen lassen.

2. In einem großen Topf reichlich Salzwasser zum Kochen bringen. Die Zwiebel schälen, klein würfeln und in 2 EL Butter andünsten. Das Weißbrot würfeln und unter die Zwiebel mischen. Die Petersilie waschen und trockenschütteln, die Blätter fein hacken und dazugeben.

3. Die Zwiebelmischung und die Eier zu den eingeweichten Brötchen geben, mit Salz, Pfeffer und Muskat würzen. Den Teig gut durchkneten und mit dem Grieß binden.

4. Ein sauberes Küchentuch oder eine Stoffserviette kurz in heißes Wasser tauchen, auswringen und mit der restlichen Butter bestreichen. Die Brötchenmasse auf das Tuch geben und zu einem länglichen Laib formen. Das Tuch überschlagen und die Enden locker zusammenbinden (so bleibt genügend Platz zum Aufgehen).

5. Den Kloß in das kochende Wasser legen und etwa 50 Min. bei schwacher Hitze sieden lassen. Herausheben und aus der Serviette rollen. Mit einem sich überkreuzenden Küchenfaden in Scheiben schneiden.

Beilage zu: Fleischgerichten mit gebundenen Saucen, Ragouts, Geflügel

Fische aus Fluss, See & Meer

Nicht nur freitags

Früher gab es in den meisten Haushalten freitags Fisch und der Geruch von gebratenen Heringen erfüllte das Haus. Zum Glück haben sich die Zeiten geändert, heute können Sie rund ums Jahr und an jedem Tag der Woche die edelsten Fische an der Fischtheke finden. Fangfrisch und sofort auf Eis gelegt, wird er in verlässlicher Qualität angeboten. Ob im Ganzen, als Filet oder Kotelett – Sie können täglich Ihren Lieblingsfisch gedünstet, gebraten, gegrillt oder eingelegt auf den Tisch bringen. Dass Fisch schmeckt und außerdem gesund ist, weiß inzwischen jeder. Vielleicht können Sie mit diesen Rezepten sogar manchen Fischmuffel überzeugen.

Heringssalat

Für 4 Personen:
500 g Pellkartoffeln
4 Doppelmatjesfilets
1–2 Äpfel
3 Gewürzgurken (aus dem Glas)
40 g Räucherspeck
2 EL Öl, 1 Zwiebel
2 EL Apfelessig
1 TL Senf
1/2 TL Zucker, Pfeffer
60 g Kapern (aus dem Glas)
1 Bund Dill

Zubereitung: 50 Min.
Marinierzeit: 1 Std.
Pro Portion ca.: 485 kcal

1. Die Kartoffeln pellen und klein würfeln. Die Matjesfilets in mundgerechte Stücke schneiden. Die Äpfel schälen, das Kerngehäuse entfernen und in Würfel schneiden. Die Gurken abtropfen lassen und würfeln. Alles in eine Schüssel geben. Den Speck würfeln, im Öl knusprig braten und untermischen. Die Zwiebel schälen und dazureiben.

2. Den Salat mit Essig, Senf, Zucker und Pfeffer würzen und die Kapern hinzufügen. Den Dill waschen, trockenschütteln, fein schneiden und dazugeben. Den Salat vermengen und etwa 1 Std. durchziehen lassen.

Schnelles Labskaus

Für 4 Personen:
4 Gewürzgurken + 3 EL Sud (aus dem Glas)
2 Beutel Kartoffelpüree (à 200 g), 400 ml Milch
Salz, Muskatnuss, frisch gerieben
2 Zwiebeln, 3 EL Butter
1 Dose Corned beef (340 g)
Pfeffer, 1 EL Sahnemeerrettich
4 Eier, edelsüßes Paprikapulver
4 Bismarckheringe
1 Glas marinierte Rote-Beten-Kugeln
(220 g Abtropfgewicht)

Zubereitung: 35 Min.
Pro Portion ca.: 735 kcal

1. Die Gurken in kleine Würfel schneiden. Das Kartoffelpüree nach Packungsanweisung mit der Milch zubereiten und mit Salz und Muskat abschmecken.

2. Die Zwiebeln schälen, klein würfeln und in 2 EL Butter andünsten. Das Corned beef etwas zerkleinern, untermischen, 5 Min. erhitzen. Alles mit den Gurken unter das Püree mischen und mit dem Gurkensud geschmeidig rühren. Mit Pfeffer und Meerrettich würzen.

3. Die Eier in der restlichen Butter als Spiegeleier braten, mit Paprika würzen. Das Püree auf vier Teller verteilen und mit je 1 Bismarckhering, 1 Spiegelei und halbierten Rote-Beten-Kugeln anrichten.

Bücklingskartoffeln

Für 4 Personen:
1 kg kleine, vorwiegend fest kochende Kartoffeln
Salz
2 geräucherte Bücklinge
1 rote Zwiebel
2 EL Öl
1 EL Butter
Pfeffer, frisch gemahlen
2–3 Prisen rosenscharfes Paprikapulver
1 Bund Schnittlauch
1 Zitrone

Zubereitung: 45 Min.
Pro Portion ca.: 410 kcal

1. Die Kartoffeln waschen, in einem Topf mit Salzwasser bedecken und 20 Min. kochen. Abgießen, pellen und vierteln. Von den Bücklingen Kopf, Haut und Gräten entfernen, die Fische in kleine Stückchen zerpflücken. Die Zwiebel schälen, halbieren und in Streifen schneiden.

2. In einer Pfanne Öl und Butter erhitzen, Kartoffeln und Zwiebel knusprig anbraten. Den Fisch untermischen und mit Salz, Pfeffer und Paprika würzen. Den Schnittlauch waschen, trockenschütteln, in Röllchen schneiden und darüber streuen. Die Zitrone in Spalten schneiden und dazulegen.

Beilage: Gurkensalat oder Kopfsalat

Muscheltopf

Für 4 Personen:
2 kg Miesmuscheln
1 Bund Suppengrün
3 Knoblauchzehen
1/2 unbehandelte Zitrone
1/2 l trockener Weißwein
2 Lorbeerblätter
Salz, Pfeffer
Cayennepfeffer

Zubereitung: 30 Min.
Pro Portion ca.: 160 kcal

1. Die Muscheln gründlich unter fließendem Wasser abbürsten, bereits geöffnete Muscheln wegwerfen. Das Suppengrün putzen, waschen und grob würfeln. Den Knoblauch schälen und hacken. Von der Zitrone etwa 2/3 der Schale ablösen, den Saft auspressen.

2. Den Wein in einen großen Topf gießen. Suppengrün, Knoblauch, Zitronenschale und -saft und Lorbeerblätter dazugeben und mit Salz, Pfeffer und Cayennepfeffer würzen. Den Sud 3 Min. köcheln lassen. Die Muscheln hinzufügen und zugedeckt 10–12 Min. kochen lassen. Zwischendurch den Topf mehrmals kräftig rütteln. Vor dem Servieren geschlossene Muscheln aussortieren und wegwerfen.

Beilage: Weißbrot

Rügener Fischsuppe

Für 4 Personen:
1 Bund Suppengrün
3 Kartoffeln
2 EL Butter
Salz
2 Zwiebeln
1 Lorbeerblatt
1 Nelke
je 6 Pfeffer- und Pimentkörner
40 g fetter Speck
1 EL Öl
100 g Sahne
1 EL Meerrettich
Pfeffer
1–2 EL Zitronensaft
600 g Dorsch- oder Kabeljaufilet (Dorsch ist Kabeljau vor der Geschlechtsreife)
2 EL gehackte Petersilie

Zubereitung: 50 Min.
Pro Portion ca.: 380 kcal

1. Das Suppengrün waschen und putzen, die Kartoffeln schälen und alles klein würfeln. In einem Topf die Butter erhitzen, Suppengrün und Kartoffeln darin 5 Min. andünsten. Etwa 1 1/4 l Wasser zugießen und leicht salzen. 1 Zwiebel schälen, das Lorbeerblatt mit der Nelke daran feststecken. Mit den Gewürzkörnern hinzufügen und zugedeckt etwa 10 Min. köcheln lassen.

2. Den Speck klein würfeln. Die zweite Zwiebel schälen und fein hacken. Das Öl in einer Pfanne erhitzen, erst den Speck darin ausbraten, dann die Zwiebel dazugeben und kurz mitbraten.

3. Die Speckmischung zur Suppe geben, Sahne und Meerrettich untermischen und mit Pfeffer und Zitronensaft pikant abschmecken.

4. Den Fisch abwaschen, mit Küchenpapier abtrocknen und in Stücke schneiden. In die Suppe einlegen und bei schwacher Hitze 15 Min. darin gar ziehen lassen. Mit Petersilie bestreuen und heiß servieren.

So schmeckt's auch

Hiddenseer Fischsuppe
400 g Schellfisch mit 2–3 EL Essig säuern. In Salzwasser gar ziehen lassen, herausnehmen und zerpflücken. 3 Kartoffeln, 1–2 Möhren, 1 Zwiebel, 1 Stange Lauch und 1/2 Sellerieknolle putzen und klein schneiden. In 2 EL Butter andünsten, Fischbrühe zugießen und 15 Min. kochen lassen. Die Fischstücke dazugeben, pfeffern und mit gehacktem Dill bestreuen.

Eingelegte Bratheringe

Für 4 Personen:
1 kg kleinere grüne Heringe (küchenfertig vorbereitet)
Salz, Pfeffer
6 EL Zitronensaft
3 Zwiebeln
1/4 l Weinessig
120 g Zucker
1 EL Pfefferkörner
2 EL Senfkörner
1 TL Pimentkörner
2 Lorbeerblätter
4 EL Mehl
5 EL Öl

Zubereitung: 50 Min.
Marinierzeit: 2–3 Tage
Pro Portion ca.: 755 kcal

1. Die Heringe abwaschen und mit Küchenpapier abtrocknen. Innen und außen mit Salz und Pfeffer würzen. Mit dem Zitronensaft beträufeln und 30 Min. durchziehen lassen.

2. Inzwischen die Zwiebeln schälen und in Ringe schneiden. In einem Topf 3/4 l Wasser zum Kochen bringen. Die Zwiebeln, Essig, Zucker, Gewürzkörner, Lorbeerblätter und 1 TL Salz dazugeben und 5 Min. kräftig kochen lassen. Den Sud nochmals pikant säuerlich abschmecken.

3. Die Heringe trockentupfen und im Mehl wenden. Das Öl in einer großen Pfanne erhitzen, die Heringe von jeder Seite in 6–8 Min. knusprig goldbraun braten.

4. In eine längliche Schüssel legen und mit dem warmen Sud begießen. Die Bratheringe abgedeckt 2–3 Tage durchziehen lassen.

Beilagen: Bratkartoffeln, Butterbrot, Kopfsalat

Matjes nach Hausfrauenart

Für 4 Personen:
200 g saure Sahne
200 Vollmilchjoghurt
1/8 l Milch
2–3 Äpfel
3 Zwiebeln
5 Gewürzgurken + Gurkensud (aus dem Glas)
3 EL Apfelessig
Pfeffer
Zucker
je 6 Pfefferkörner, Pimentkörner und Wacholderbeeren
2–3 Lorbeerblätter
8 Matjesfilets
1 Bund Dill

Zubereitung: 45 Min.
Marinierzeit: 2–3 Tage
Pro Portion ca.: 645 kcal

1. Die saure Sahne mit Joghurt und Milch in einer Schüssel verrühren. Die Äpfel schälen, das Kerngehäuse entfernen und in Scheiben schneiden. Die Zwiebeln schälen und in Ringe Schneiden. Die Gewürzgurken abtropfen lassen und in Scheiben schneiden. Alles unter die Sahnemischung rühren und mit etwas Gurkensud, dem Essig, Pfeffer und 2 Prisen Zucker pikant abschmecken. Die Gewürzkörner und die Lorbeerblätter untermischen.

2. Die Matjes in mundgerechte Stücke schneiden und unter die Marinade mengen. Abgedeckt und kühl 2–3 Tage durchziehen lassen.

3. Vor dem Servieren den Dill waschen, trockenschütteln, hacken und über die eingelegten Heringe streuen.

Beilage: Salz- oder Pellkartoffeln, Bauernbrot

Tipp

Für die Marinade können Sie auch gut Dickmilch und Schmant oder auch nur saure Sahne oder nur Joghurt verwenden.

Matjes mit grünen Bohnen

Für 4 Personen:
600 g grüne Bohnen
1 Bund Bohnenkraut
Salz
60 g durchwachsener Räucherspeck
je 1/2 EL Öl und Butter
Pfeffer, frisch gemahlen
Muskatnuss, frisch gerieben
1 Bund Petersilie
1 kleine rote Zwiebel
4 Doppelmatjesfilets

Zubereitung: 35 Min.
Pro Portion ca.: 425 kcal

1. Die Bohnen putzen, waschen und jeweils in 2–3 Stücke schneiden. Mit dem Bohnenkraut in einen Topf geben. Mit Wasser bedecken, salzen und in etwa 15 Min. weich kochen.

2. Den Speck in kleine Würfel schneiden. Das Öl mit der Butter in einer Pfanne erhitzen und den Speck darin knusprig braten. Die Bohnen in ein Sieb abgießen und abtropfen lassen. Zum Speck geben und gut durchschwenken. Mit Salz, Pfeffer und Muskat würzen.

3. Die Petersilie waschen und trockenschütteln, die Blätter abzupfen, fein hacken und unter die Bohnen mischen.

4. Die Zwiebel schälen und in feine Scheiben schneiden. Die Matjes auf einer Platte anrichten und mit den Zwiebelringen belegen. Mit den Speckbohnen servieren.

Beilage: Bratkartoffeln, Pellkartoffeln, Salzkartoffeln

Tipp

Matjes schmecken gut gekühlt am besten, deshalb eventuell auf Eiswürfeln servieren.

Pikantes Fischgulasch

Für 4 Personen:
600 g Fischfilet (z. B. Kabeljau, Rotbarsch, Viktoriabarsch)
Salz, Pfeffer
1/2 unbehandelte Zitrone
2 Zwiebeln
2 Knoblauchzehen
40 g Räucherspeck
4 Gewürzgurken + 2–3 EL Sud (aus dem Glas)
je 2 EL Öl und Butter
3 EL Mehl
60 g Kapern
je 3 Prisen Zucker und rosenscharfes Paprikapulver
je 1/2 Bund Petersilie und Dill
3 EL saure Sahne

Zubereitung: 50 Min.
Pro Portion ca.: 315 kcal

1. Das Fischfilet waschen, mit Küchenpapier abtrocknen und in mundgerechte Stücke schneiden. Mit Salz und Pfeffer würzen. Von der Zitrone etwas Schale abreiben, den Saft auspressen und beides mit dem Fisch vermengen. Abgedeckt durchziehen lassen.

2. Inzwischen die Zwiebeln und den Knoblauch schälen und grob würfeln. Den Speck klein würfeln. Die Gewürzgurken abtropfen lassen und in Stücke schneiden.

3. In einem großen Topf Öl und Butter erhitzen, den Speck anbraten. Zwiebeln und Knoblauch mit andünsten, das Mehl einrühren. Unter Rühren etwa 1/2 l Wasser (oder Fischfond) zugießen und 3 Min. kochen lassen. Gurken, Gurkensud und Kapern unterrühren. Die Sauce mit Salz, Pfeffer, Zucker und Paprika pikant abschmecken.

4. Die Fischstücke in die sämige Sauce legen und 10–12 Min. ziehen lassen. Petersilie und Dill waschen, trockenschütteln, hacken und mit der Sahne vorsichtig unterziehen.

Beilagen: Salz- oder Petersilienkartoffeln, Reis, Kopfsalat

Fischpfanne mit Gemüse

Für 4 Personen:
500 g Seelachsfilet
Salz, Pfeffer
3 EL Zitronensaft
1 Bund junge Möhren
200 g Zuckerschoten
3 Kartoffeln
60 g Butter
2 Prisen Zucker
3 EL Mehl
1/4 l Gemüsebrühe (Instant)
200 g Sahne
3 EL Öl
3–4 Stängel Kerbel (ersatzweise Petersilie)

Zubereitung: 1 Std.
Pro Portion ca.: 570 kcal

1. Den Fisch in mundgerechte Stücke schneiden, mit Salz, Pfeffer und Zitronensaft würzen.

2. Die Möhren putzen, schälen und in schräge Scheiben schneiden. Die Zuckerschoten putzen, falls nötig entfädeln und waschen. Die Kartoffeln schälen und in kleine Würfel schneiden.

3. In einem Topf die Hälfte der Butter erhitzen, Kartoffeln und Möhren darin andünsten. Mit Salz, Pfeffer und Zucker würzen. 1 EL Mehl darüber streuen, unter Rühren Brühe und Sahne zugießen. Bei schwacher Hitze etwa 15 Min. köcheln lassen, zwischendurch öfter umrühren.

4. Die restliche Butter in einem anderen Topf zerlassen. Die Zuckerschoten tropfnass hinzufügen und zugedeckt 5 Min. dünsten, salzen und pfeffern.

5. In einer großen Pfanne das Öl erhitzen. Die Fischstücke im restlichen Mehl wenden und von beiden Seiten 2–3 Min. braten. Das Kartoffelgemüse und die Zuckerschoten zum Fisch geben. Den Kerbel waschen, die Blättchen abzupfen und vor dem Servieren darüber streuen.

Forelle Müllerin

Für 2 Personen:
2 junge Forellen (je etwa 250 g; küchenfertig vorbereitet)
1/2 Tasse Milch
Salz, Pfeffer
3 EL Mehl
100 g Butter
1 Zitrone
2 EL gehackte Petersilie

Zubereitung: 30 Min.
Pro Portion ca.: 665 kcal

1. Die Forellen vorsichtig waschen und mit Küchenpapier abtrocknen. Die Milch in eine passende Schale gießen, mit Salz und Pfeffer würzen. Die Forellen zuerst in der gewürzten Milch und dann im Mehl wenden.

2. Die Butter in einer großen Pfanne erhitzen und die Forellen darin bei mittlerer Hitze auf beiden Seiten in 10 Min. goldbraun braten.

3. Die Zitrone in Spalten schneiden. Die Petersilie unter die Bratbutter mischen und die Forellen mit den Zitronenspalten und der Petersilienbutter servieren.

Beilagen: Petersilienkartoffeln, Salat

So schmeckt's auch

Mandelforellen
4 Forellenfilets (à ca. 80 g) mit Salz und Pfeffer würzen, in Mehl wenden, durch verschlagenes Ei ziehen und mit gemahlenen oder fein gehackten Mandeln panieren. Reichlich Butter erhitzen, die Filets darin bei mittlerer Hitze von jeder Seite 5–6 Min. goldbraun braten. Mit Zitronenspalten anrichten.

Forelle blau

Für 2 Personen:
1 Bund Suppengrün
1 Zwiebel
1 Lorbeerblatt
1 Nelke
1/8 l Weißweinessig
1 EL Salz
2 Forellen (je etwa 250 g; küchenfertig vorbereitet)
1 unbehandelte Zitrone
60 g Butter

Zubereitung: 50 Min.
Pro Portion ca.: 490 kcal

1. Das Suppengrün waschen und in grobe Stücke schneiden. Die Zwiebel schälen, das Lorbeerblatt mit der Nelke daran feststecken. In einem weiten Topf 2 l Wasser mit dem Suppengrün, der gespickten Zwiebel, dem Essig und Salz erhitzen und 15 Min. köcheln lassen.

2. Die Forellen vorsichtig waschen, dabei die Schleimschicht nicht verletzen. Die Zitrone halbieren, eine Hälfte auspressen und die Forellen mit dem Saft beträufeln. In den Sud legen und 8–10 Min. darin bei schwacher Hitze gar ziehen, aber nicht mehr kochen lassen.

3. Die Butter in einem Töpfchen erhitzen. Die übrige Hälfte der Zitrone aufschneiden und beides zu den Forellen servieren.

Beilagen: Salzkartoffeln, Sahnemeerrettich, Kopf- oder Gurkensalat

Für 4–6 Personen:
Für den Fisch:
1 küchenfertiger Schellfisch (ohne Kopf und Flossen, 1–1,2 kg)
Salz, Pfeffer
1 Bund Suppengrün
3 Zweige frischer Thymian
1 unbehandelte Zitrone
1 EL Pfefferkörner
3 Wacholderbeeren
2 Lorbeerblätter
1/8 l Weißwein (ersatzweise Fischfond)
Für die Senfbutter:
225 g Butter
2 frische Eigelbe
150 g scharfer Senf
225 g Vollmilchjoghurt
1 Bund Petersilie
Außerdem:
Bratfolie

Zubereitung: 1 Std.
Garzeit: 30 Min.
Pro Portion ca.: 620 kcal

Schellfisch mit Senfbutter

1. Den Schellfisch waschen, mit Küchenpapier abtrocknen und innen und außen mit Salz und Pfeffer würzen. Das Suppengrün putzen, waschen und grob zerschneiden.

2. Vom Bratfolienschlauch ein Stück in knapp der doppelten Länge des Fisches abschneiden und an einem Ende verschließen. Den Backofen auf 200° (Umluft 180°) vorheizen, das Grillgitter herausnehmen.

3. Den Schellfisch in den Bratschlauch legen. Den Thymian waschen. Die Zitrone waschen und abtrocknen, 6 Scheiben davon abschneiden und auf und unter den Fisch legen. Das Suppengrün, Thymianzweige, Pfefferkörner, Wacholderbeeren und Lorbeerblätter rund um den Fisch verteilen. Den Wein dazugießen und die Folie nach Gebrauchsanweisung fest verschließen. Mit einer Nadel mehrmals oben einstechen. Das Fischpaket auf das Grillgitter legen, in den heißen Ofen (Mitte) schieben und 25–30 Min. garen.

4. Inzwischen für die Senfbutter die Butter in einem Töpfchen schmelzen lassen. Möglichst in einer Kasserolle mit dickem Boden die Eigelbe mit dem Senf bei schwacher Hitze glatt rühren. Vom Herd nehmen und mit dem Schneebesen erst tröpfchenweise, dann in dünnem Strahl die warme Butter unterrühren. Den Topf wieder auf den Herd stellen und nach und nach den Joghurt unter die sämige Masse rühren. In eine vorgewärmte Schüssel oder Sauciere füllen.

5. Die Petersilie waschen und trockenschütteln, die Blätter fein hacken. Das Fischpäckchen aus dem Backofen nehmen, die Folie öffnen und den Fisch auf eine Platte heben. Mit der Petersilie bestreuen und die Senfbutter dazu reichen.

Beilage: Salz- oder Petersilienkartoffeln

So schmeckt's auch

Schellfisch im Weinsud
Das Suppengrün mit den Gewürzen, Zitronenscheiben und 1/4 l Wein in ca. 1 1/2 l Wasser aufkochen und 20 Min. köcheln lassen. Den vorbereiteten Fisch darin bei sehr schwacher Hitze in etwa 30 Min. gar ziehen lassen.

Klassisch mit Senfsauce
Etwa 1 1/2 l Wasser mit Salz, 2–3 Zitronenscheiben, 8 Pfefferkörnern und 2 Lorbeerblättern aufkochen. 4 Schellfischstücke (à etwa 200 g) einlegen und darin in 8–10 Min. gar ziehen lassen. Für die Sauce in einem Topf 50 g zerlassene Butter mit 50 ml Öl und 2 EL scharfem Senf verrühren, erwärmen und 75 ml Sahne zugießen. Unter ständigem Rühren aufkochen lassen. Mit Salz, weißem Pfeffer, Cayennepfeffer und Worcestersauce würzen. Den Fisch mit der Sauce servieren.

Backfisch mit Gurkensalat

Für 4 Personen:
4 Rotbarschfilets (je etwa 180 g)
Salz, Pfeffer
5 EL Zitronensaft
1 Salatgurke
150 g Sahnejoghurt
1/2 TL Zucker
1 EL Öl
1 Bund Dill
1 Bund krause Petersilie
5–6 EL Semmelbrösel
1 Ei
3 EL Mehl
3 EL Butterschmalz

Zubereitung: 1 Std.
Pro Portion ca.: 470 kcal

1. Die Fischfilets abwaschen und mit Küchenpapier abtrocknen, mit Salz und Pfeffer würzen und mit 3 EL Zitronensaft beträufeln. Abgedeckt kühl stellen.

2. Die Salatgurke schälen und in dünne Scheiben hobeln oder schneiden. Aus dem Joghurt, dem restlichen Zitronensaft, Zucker, Salz, Pfeffer und Öl eine Salatsauce rühren und mit den Gurken vermischen. Den Dill waschen und trockenschütteln, fein schneiden und untermengen.

3. Die Petersilie nur verlesen (sie muss trocken sein), die Blätter abzupfen und fein hacken. Auf einem Teller mit den Semmelbröseln vermischen. Das Ei auf einem weiteren Teller verschlagen, Mehl auf einen dritten Teller geben.

4. Die Fischfilets zuerst im Mehl, dann im Ei und zuletzt in der Bröselmischung wenden. Die Panade gut festdrücken.

5. In einer großen Pfanne das Butterschmalz erhitzen und die Fischfilets darin von jeder Seite 5 Min. goldbraun braten. Den Gurkensalat dazu reichen.

Beilage: Bratkartoffeln, Dill- oder Salzkartoffeln

Zander mit Schmorgurken

Für 4 Personen:
1 kg feste Schmorgurken (Freilandgurken)
Salz, Pfeffer
1 EL Zucker
2 EL Weinessig
1 Zwiebel
40 g Räucherspeck
50 g Butter
1/4 l Gemüsebrühe (Instant)
600 g Zanderfilets
3 EL Zitronensaft
2 Bund Dill
150 g saure Sahne

Zubereitung: 30 Min.
Marinierzeit: 30 Min.
Pro Portion ca.: 430 kcal

1. Die Schmorgurken schälen, längs halbieren, Kerne herauskratzen und in 1 cm dicke Stücke schneiden. Mit 1/2 TL Salz, Pfeffer, Zucker und Essig in einer Schüssel mischen. 30 Min. durchziehen lassen.

2. Die Zwiebel schälen und fein hacken. Den Speck klein würfeln. 1 EL Butter in einem Topf erhitzen, zuerst den Speck, dann die Zwiebel darin anbraten. Die Gurken durch ein Sieb abgießen, hinzufügen und 5 Min. mitdünsten. Die Brühe angießen und die Gurken 20 Min. schmoren lassen.

3. Inzwischen die Fischfilets abwaschen, mit Küchenpapier abtrocknen, mit Salz und Pfeffer würzen und mit dem Zitronensaft beträufeln.

4. In einer großen Pfanne die restliche Butter erhitzen, die Fischfilets auf jeder Seite 2 Min. braten. Den Dill waschen, trockenschütteln und fein hacken. Ein Drittel davon über den Fisch streuen.

5. Wenn die Schmorgurken gar sind, den restlichen gehackten Dill und die saure Sahne unterrühren und zum Fisch servieren.

Beilage: Salzkartoffeln

Fisch-Spinat-Auflauf

Für 4 Personen:
800 g TK-Fischfilet (Kabeljau, Seeteufel, Heilbutt)
Salz, Pfeffer
3 EL Zitronensaft
2 Knoblauchzehen
4 EL Butter
600 g TK-Blattspinat
Muskatnuss, frisch gerieben
je 100 g Sahne und Crème fraîche
3 kleine Eier
80 g geriebener Hartkäse (Gouda oder Bergkäse)
2 Prisen Cayennepfeffer

Zubereitung: 35 Min.
Backzeit: 30 Min.
Pro Portion ca.: 565 kcal

1. Die Fischstücke etwas antauen lassen und mit Salz, Pfeffer und 2 EL Zitronensaft würzen.

2. Den Knoblauch schälen und grob hacken. 2 EL Butter in einem Topf erhitzen und den Knoblauch darin andünsten. Den Spinat und 3 EL Wasser zugeben und zugedeckt bei schwacher Hitze auftauen lassen. Mit dem restlichen Zitronensaft, Salz, Pfeffer und Muskat würzen.

3. Den Backofen auf 200° (Umluft 180°) vorheizen. Die Sahne mit der Crème fraîche, den Eiern und dem Käse verquirlen. Mit Salz, Pfeffer und Cayennepfeffer würzen.

4. Eine Auflaufform mit 1 EL Butter ausfetten. Die Hälfte des Spinats darin verteilen und die Hälfte der Fischfilets darauf legen, den restlichen Spinat und den restlichen Fisch darüber einschichten. Alles mit der Sahnemischung begießen und die restliche Butter in Flöckchen darauf verteilen. Im heißen Backofen (Mitte) 30 Min. backen, bis die Oberfläche goldbraun ist.

Beilage: Salz- oder Petersilienkartoffeln, Weißbrot

Lachs auf Sauerkraut

Für 4 Personen:
1 unbehandelte Zitrone
4 Scheiben Lachsfilet ohne Haut (je etwa 200 g)
Salz, Pfeffer
100 g Butter
1 Dose Champagner-Sauerkraut (fertig gegart, 400 g Inhalt)
1/4 l Weißwein
200 g Crème fraîche

Zubereitung: 30 Min.
Backzeit: 30 Min.
Pro Portion ca.: 850 kcal

1. Die Zitrone waschen und abtrocknen, die Schale abreiben und den Saft auspressen. Den Fisch abwaschen und mit Küchenpapier abtrocknen. Mit Salz und Pfeffer würzen und mit dem Zitronensaft beträufeln. Den Backofen auf 200° (Umluft 180°) vorheizen.

2. Eine Auflaufform mit etwas Butter ausfetten. Die restliche Butter in einem Pfännchen schmelzen und mit 1 Prise Salz leicht anbräunen. Ein Drittel des Sauerkrauts in der Form verteilen und etwas abgeriebene Zitronenschale darüber streuen.
2 Scheiben Lachs darauf legen und mit der Hälfte der braunen Butter bestreichen. Ein weiteres Drittel des Sauerkrauts, Zitronenschale und restlichen Fisch einschichten, mit der restlichen Butter bestreichen. Mit Kraut und Zitronenschale abschließen.

3. Den Wein mit Crème fraîche verrühren, mit etwas Salz und Pfeffer würzen und gleichmäßig über das Kraut gießen. Im heißen Ofen (Mitte) 30 Min. backen.

Beilage: Petersilien- oder Salzkartoffeln

Für 3 Personen:
1 küchenfertiger Karpfen (etwa 1,5 kg)
3 EL Zitronensaft
Salz, Pfeffer
1/4 Sellerieknolle
2 Möhren
1 Petersilienwurzel
1 Kohlrabi
1 Stange Lauch
2 Zwiebeln
120 g Butter
125 ml Weißwein (ersatzweise Fischfond)
2 Lorbeerblätter
200 g Sahne
1 Bund Petersilie

Zubereitung: 1 Std.
Garzeit: 30 Min.
Pro Portion ca.: 915 kcal

Tipp

Für Petersilienkartoffeln als Beilage möglichst kleine (und gleich große) Kartoffeln kochen und pellen. In einer Pfanne in reichlich zerlassener Butter und gehackter Petersilie schwenken. Mit Salz und etwas Pfeffer würzen.

Karpfen im Gemüsebett

1. Kopf und Schwanz des Karpfens abschneiden. Den Fisch längs halbieren und jede Hälfte in 3 Portionsstücke schneiden. Die Stücke waschen, mit Küchenpapier abtrocknen und die Haut schräg einschneiden. Mit Zitronensaft beträufeln und mit Salz und Pfeffer würzen.

2. Das Gemüse putzen bzw. schälen und waschen. Den Sellerie, die Möhren, die Petersilienwurzel und den Kohlrabi in dünne Stifte, den Lauch und die Zwiebeln in feine Ringe schneiden. Den Backofen auf 180° (Umluft 160°) vorheizen.

3. In einem Topf 3 EL Butter erhitzen und nacheinander Sellerie, Möhren, Petersilienwurzel, Kohlrabi, Lauch und Zwiebeln darin andünsten. Den Wein oder Fond angießen, die Lorbeerblätter dazulegen und mit Salz und Pfeffer würzen.

4. Das Gemüse in einer feuerfesten Form verteilen. Die Karpfenstücke mit der Haut nach oben darauf legen. Die restliche Butter mit 1 Prise Salz in einem Pfännchen leicht anbräunen und über den Fisch träufeln. Die Sahne angießen und die Form mit Alufolie abdecken. Im heißen Ofen (unten) 20 Min. garen. Die Alufolie entfernen und weitere 5 Min. offen (Mitte) garen. Der Fisch ist fertig, wenn sich die Flossen leicht herausziehen lassen.

5. Die Petersilie waschen und trockenschütteln, die Blätter fein hacken. Über den Karpfen streuen und in der Form servieren.

Beilage: Salz- oder Petersilienkartoffeln

So schmeckt's auch

Karpfen polnisch
Die Karpfenstücke mit Essig beträufeln und 30 Min. durchziehen lassen. In der Zwischenzeit 50 g Rosinen einweichen und 1 Bund Suppengrün putzen, waschen und klein schneiden. Das Suppengrün mit 1 gewürfelten Zwiebel in 3 EL Butter anbraten, knapp 1/2 l Wasser zugießen und salzen. Mit einigen Pfeffer- und Pimentkörnern und 1–2 Lorbeerblättern 15 Min. köcheln lassen. 1/2 l Malz- oder Altbier dazugießen und 5 Min. ziehen lassen. 50 g Lebkuchen in 1/4 l Bier aufweichen, hinzufügen und alles aufkochen lassen. Die Karpfenstücke und Rosinen in der Sauce 20 Min. bei schwacher Hitze ziehen lassen. 1 EL Mehl mit wenig kaltem Wasser anrühren, die Sauce damit binden und mit Salz, Pfeffer, Zucker und Zitronensaft abschmecken.

Aal grün

Für 4 Personen:
2 Bund Suppengrün
1 Zwiebel
je 1 Lorbeerblatt und 1 Nelke
10 Pfefferkörner
Salz, 1 TL Zucker
5 EL Weinessig
1/8 l Weißwein (nach Belieben)
1 kg frischer küchenfertiger Aal (siehe Tipp)
1 Bund gemischte Kräuter (Petersilie, Estragon, Dill)
je 2 EL Butter und Mehl
Pfeffer
2 EL Zitronensaft
1 Eigelb
2 EL gehackte Petersilie

Zubereitung: 1 Std.
Pro Portion ca.: 655 kcal

1. Das Suppengrün putzen, waschen und grob zerschneiden. Die Zwiebel schälen, das Lorbeerblatt mit der Nelke daran feststecken. Alles mit den Gewürzen, dem Essig, dem Wein und 1 1/4 l Wasser in einen Topf geben und 20 Min. bei schwacher Hitze köcheln lassen.

2. Den Aal gründlich waschen und in etwa 5 cm lange Stücke schneiden. Die Kräuter waschen. Aal und Kräuter in den Sud legen und zugedeckt in 15 Min. gar ziehen lassen.

3. In einem zweiten Topf die Butter erhitzen, das Mehl einrühren und soviel Sud durch ein Sieb unter Rühren dazugießen, dass eine sämige Sauce entsteht. Mit Pfeffer und Zitronensaft abschmecken. Topf vom Herd nehmen und das Eigelb einrühren.

4. Die fertigen Aalstücke aus dem Sud heben, abtropfen lassen und in die Sauce legen. Mit der Petersilie bestreut servieren.

Beilagen: Salzkartoffeln, Gurkensalat

Tipp

Lassen Sie den Aal gleich vom Fischhändler ausnehmen und die Haut abziehen.

Gebratene Schleie in Dillsauce

Für 4 Personen:
4 große Schleienfilets (je etwa 100 g; ersatzweise Forellenfilets)
Salz
weißer Pfeffer
3 EL Zitronensaft
3 EL Mehl
2 Bund Dill
1/8 l Weißweinessig
100 g Butter
2 frische Eigelbe
1 Prise Zucker

Zubereitung: 30 Min.
Pro Portion ca.: 455 kcal

1. Die Fischfilets abspülen, mit Küchenpapier abtrocknen und mit Salz und weißem Pfeffer würzen. Rundum mit Zitronensaft beträufeln und in Mehl wenden.

2. Den Dill waschen, trockenschütteln und fein hacken. Den Essig in einem Töpfchen erhitzen und die Hälfte der Butter darin schmelzen lassen. Die Eigelbe dazugeben und die Sauce bei schwacher Hitze mit dem Schneebesen schaumig aufschlagen.

3. Die Sauce mit Salz, weißem Pfeffer und Zucker würzen und den gehackten Dill unterrühren.

4. Die restliche Butter in einer Pfanne erhitzen und die Fischfilets von jeder Seite 2 Min. braten. Mit der Dillsauce servieren.

Beilagen: Salz- oder Petersilienkartoffeln, Kopfsalat, Gurkensalat, Rote-Beten-Salat (Seite 32)

Aus Töpfen & Pfannen

Hauptgerichte zum Sattessen

Wer isst sich nicht gern mal ohne Reue so richtig satt und verlangt, weil es so gut geschmeckt hat, noch einen Nachschlag? Ein richtiges Sonntagsessen im Familienkreis ist doch in Zeiten von Hektik, Fastfood und Stehimbissen die reinste Offenbarung. Ein ordentliches Stück vom Braten, eine knusprige Gänsekeule oder die heiß geliebte Roulade samt Beilagen sind doch für jeden ein Genuss.

Saure Zipfel

Für 4 Personen:
1/4 l Weißweinessig
1 TL Salz
2 EL Zucker
2 Lorbeerblätter
3 Gewürznelken
4 Wacholderbeeren
1 TL schwarze Pfefferkörner
3–4 mittelgroße Zwiebeln
2 Möhren
1 Packung Nürnberger Bratwürstchen (gebrüht; 14 Stück, 300 g)

Zubereitung: 45 Min.
Pro Portion ca.: 280 kcal

1. Den Essig mit 1/2 l Wasser in einen Topf geben, Salz, Zucker und alle Gewürze dazugeben. Zugedeckt 20 Min. köcheln lassen.

2. Die Zwiebeln und Möhren schälen, in dünne Scheiben schneiden und im Sud 10 Min. mitköcheln lassen. Die Würstchen einlegen und offen bei sehr schwacher Hitze 15 Min. ziehen (nicht kochen) lassen. Die Sauren Zipfel portionsweise mit Zwiebeln, Möhren und etwas Sud in tiefen Tellern servieren.

Beilagen: Salzkartoffeln, Bauernbrot, Meerrettich, Senf

Wiener Schnitzel

Für 2 Personen:
2 Kalbsschnitzel (je etwa 180 g)
Salz, Pfeffer
1 EL Mehl
1 Ei (oder 2 Eigelbe)
4–5 EL frische Semmelbrösel
2–3 EL Butterschmalz
1/2 Zitrone

Zubereitung: 25 Min.
Pro Portion ca.: 425 kcal

1. Die Schnitzel zwischen Frischhaltefolie legen und leicht klopfen. Mit Salz und Pfeffer würzen und in Mehl wenden. Das Ei auf einem Teller verschlagen und die Schnitzel durchziehen. Mit den Semmelbröseln panieren und gut festdrücken.

2. In einer großen Pfanne das Butterschmalz erhitzen, die Schnitzel darin bei mittlerer Hitze auf beiden Seiten jeweils 5 Min. goldgelb braten. Die Zitrone in Spalten schneiden und dazu servieren.

Beilagen: Kartoffelsalat, Rapunzel- oder Kopfsalat

Berliner Leber

Für 2 Personen:
2–4 Scheiben frische Kalbsleber (etwa 250 g)
Pfeffer, frisch gemahlen
2 EL Mehl
2 mittelgroße Zwiebeln
1–2 mürbe Äpfel
2 EL Butterschmalz
2 EL Butter
Salz

Zubereitung: 25 Min.
Pro Portion ca.: 445 kcal

1. Von der Leber Häutchen und Sehnen entfernen. Mit Pfeffer würzen und im Mehl wenden. Die Zwiebeln schälen und in Ringe schneiden. Die Äpfel schälen, vierteln, das Kerngehäuse entfernen und in Scheiben schneiden.

2. In einer Pfanne das Butterschmalz erhitzen, die Zwiebeln darin goldgelb anrösten. Die Apfelscheiben dazugeben und kurz mitbraten. In einer zweiten Pfanne die Butter zerlassen, die Leber darin bei mittlerer Hitze auf jeder Seite 3–4 Min. braten. Salzen und auf angewärmte Teller heben. Zwiebeln und Äpfeln darauf verteilen.

Beilagen: Kartoffelpüree, Kopfsalat

Echte Buletten

Für 4 Personen:
1 1/2 Brötchen vom Vortag
2 Zwiebeln
1 EL Butter
500 g gemischtes Hackfleisch
1 Ei, Salz, Pfeffer
je 1/4 TL Kümmelpulver, Majoran, Thymian, rosenscharfes Paprikapulver
3 EL Butterschmalz

Zubereitung: 40 Min.
Pro Portion ca.: 490 kcal

1. Die Brötchen in heißem Wasser einweichen, in einem Sieb gut ausdrücken. Die Zwiebeln schälen, klein würfeln und in der Butter glasig andünsten.

2. Das Hackfleisch mit der Brötchenmasse, den Zwiebeln, dem Ei und den Gewürzen vermengen und pikant abschmecken.

3. In einer großen Pfanne das Schmalz erhitzen. Aus der Masse acht flache Küchlein formen und auf beiden Seiten bei mittlerer Hitze in jeweils 8–10 Min. knusprig braun braten.

Beilagen: Salzkartoffeln und Gemüse, Kartoffelsalat oder Butterbrot und Gewürzgurken

Schinkennudeln mit Kopfsalat

Für 4 Personen:
400 g kurze, dicke Nudeln (z. B. Hörnchen, Spiralen)
Salz
300 g gekochter Schinken (am Stück)
1 Zwiebel
4 EL Butter
200 g Sahne
Pfeffer, frisch gemahlen
Muskatnuss, frisch gerieben
2 Prisen Cayennepfeffer
1 Bund Schnittlauch
1 Kopfsalat
1 Zitrone
1 1/2 EL Zucker

Zubereitung: 40 Min.
Pro Portion ca.: 715 kcal

1. Die Nudeln in Salzwasser nach Packungsanweisung bissfest garen. Durch ein Sieb abgießen, kalt abschrecken und abtropfen lassen.

2. Den Schinken in kleine Würfel schneiden. Die Zwiebel schälen und klein würfeln. In einer großen Pfanne 2 EL Butter erhitzen, die Zwiebel darin glasig andünsten. Den Schinken hinzufügen, kurz durchschwenken und die Sahne zugießen. Bei schwacher Hitze cremig einköcheln lassen. Mit Salz, Pfeffer, etwas Muskat und Cayennepfeffer pikant würzen.

3. Die restliche Butter mit 1 Prise Salz anbräunen und abkühlen lassen. Den Schnittlauch waschen, trockenschütteln und in feine Röllchen schneiden. Den Salat putzen, waschen und gut abtropfen lassen. Die Zitrone auspressen. Den Salat in einer Schüssel mit der braunen Butter, dem Zitronensaft, Zucker und Salz vermengen.

4. Die Nudeln und den Schnittlauch unter die Sahnesauce mischen und kurz erwärmen. Die Schinkennudeln auf angewärmte Teller verteilen und den Salat dazu reichen.

Königsberger Klopse

Für 4 Personen:
1–2 Brötchen vom Vortag
2 Schalotten
3 EL Butter
1 unbehandelte Zitrone
500 g gemischtes Hackfleisch
2 Eier
Salz, Pfeffer
Muskatnuss, frisch gerieben
1 l Fleischbrühe (Instant)
2 EL Mehl
200 g Sahne
80 g kleine Kapern (aus dem Glas)

Zubereitung: 1 Std.
Pro Portion ca.: 665 kcal

1. Die Brötchen in heißem Wasser einweichen, anschließend in einem Sieb gut ausdrücken. Die Schalotten schälen und fein würfeln. In einem Pfännchen 1 EL Butter erhitzen, die Schalotten darin glasig andünsten.

2. Die Zitrone waschen und abtrocknen, 1 TL Schale abreiben und 2 EL Saft auspressen. Das Hackfleisch mit der Brötchenmasse, Schalotten, Eiern und Zitronenschale mischen und mit Salz, Pfeffer und Muskat würzen. Mit angefeuchteten Händen aus der Masse 12–14 kleine Klößchen formen.

3. Die Brühe aufkochen, die Klößchen einlegen. Bei schwacher Hitze etwa 20 Min. ziehen lassen.

4. In einem zweiten Topf die restliche Butter zerlassen und das Mehl anschwitzen. Unter Rühren so viel Brühe zugießen, bis eine sämige Sauce entsteht. 5 Min. köcheln lassen, Sahne und Kapern unterrühren. Mit Zitronensaft und Muskat abschmecken. Die Klopse aus der Brühe heben, in die Sauce legen und 10 Min. darin bei schwacher Hitze ziehen lassen.

Beilagen: Salzkartoffeln, Rote-Beten-Salat (Seite 32) oder Kopfsalat

Gefüllter Hackbraten oder »Falscher Hase«

Für 6 Personen:
2–3 Brötchen vom Vortag
3 große Zwiebeln
1 EL Butter
800 g gemischtes Hackfleisch
3 EL Semmelbrösel
2–3 Eier
2 TL Senf
Salz, Pfeffer
Muskatnuss, frisch gerieben
je 1/2 TL Kümmel, rosenscharfes Paprikapulver, getrockneter Majoran und Thymian
2 hart gekochte, gepellte Eier
2 Tomaten
3 EL Butterschmalz
10 dünne Scheiben Räucherspeck
3 TL Mehl
150 g Sahne

Zubereitung: 45 Min.
Bratzeit: 1 Std.
Pro Portion ca.: 825 kcal

1. Die Brötchen in heißem Wasser einweichen, danach in einem Sieb gut ausdrücken. Die Zwiebeln schälen, 1 davon klein würfeln und in der Butter andünsten. Den Backofen auf 200° (Umluft 180°) vorheizen.

2. Das Hackfleisch mit den ausgedrückten Brötchen, der angedünsteten Zwiebel, Semmelbröseln, Eiern, Senf und den Gewürzen verkneten. Einen länglichen Laib formen. Die harten Eier der Reihe nach längs in den Fleischteig drücken und den Teig darüber gut zusammendrücken.

3. Die restlichen geschälten Zwiebeln vierteln. Die Tomaten waschen, die Stielansätze entfernen und ebenfalls vierteln. In einem Bräter das Schmalz erhitzen, den Hackbraten darin kräftig anbraten, vorsichtig umdrehen und mit den Speckscheiben belegen. Mit Zwiebeln und Tomaten umlegen, 1/4 l Wasser seitlich angießen. Abgedeckt im Ofen (Mitte) 1 Std. braten, zwischendurch etwas Wasser nachgießen.

4. Den Hackbraten herausheben und in fingerdicke Scheiben schneiden. Das Mehl mit der Sahne verrühren und die Soße damit binden.

Beilagen: Kartoffelpüree (Seite 48), Salzkartoffeln, Stampfkartoffeln, Rotkohl (Seite 46)

Willys Sauerkrautpfanne

Für 4 Personen:
50 g Räucherspeck
2 EL Schweineschmalz
400 g gemischtes Hackfleisch
2 Zwiebeln
2 Knoblauchzehen
1/4 l Fleischbrühe
400 g Sauerkraut
1 Lorbeerblatt
6 Wacholderbeeren
1/2 TL Senfkörner
1/2 TL Kümmel
Zucker
Salz, Pfeffer
1 EL Tomatenmark

Zubereitung: 1 Std. 10 Min.
Pro Portion ca.: 410 kcal

1. Den Speck klein würfeln. Das Schmalz in einer großen Pfanne erhitzen, den Speck darin anbraten. Das Hackfleisch hinzufügen und unter Rühren krümelig braten. 1 Zwiebel und den Knoblauch schälen, grob hacken, hinzufügen und 8 Min. mitbraten. Die Brühe zugießen und das Sauerkraut untermengen.

2. Lorbeer, Wacholderbeeren, Senfkörner und Kümmel hinzufügen, etwas Zucker, Salz und Pfeffer und das Tomatenmark unterrühren. Zugedeckt 50 Min. bei schwacher Hitze köcheln lassen.

3. Die zweite Zwiebel schälen, in kleine Würfel schneiden und unter die fertige Sauerkrautpfanne mischen.

Beilage: Kartoffelpüree (Seite 48) oder Kartoffelklöße

So schmeckt's auch

Gefüllte Klöße
1 kg Kartoffeln kochen, pellen und heiß durchpressen. Mit 200 g Speisestärke, 2 Eiern, 2 EL Butter, Salz, Muskat und 1/2 Tasse heißem Wasser verkneten. 1 gewürfelte Zwiebel und 200 g Hackfleisch in etwas Öl krümelig braten und würzen. Aus dem Teig acht Klöße formen, in die Mitte jeweils 1 1/2 TL Hackfleisch drücken und gut verschließen. Die Klöße in Salzwasser 20 Min. ziehen lassen und zum Sauerkraut servieren.

Für 6 Personen:
400 g Mehl
3 Eier
Salz
2 EL Öl
2 Zwiebeln
250 g Räucherspeck
4 EL Butterschmalz
500 g frisches Sauerkraut
Pfeffer, frisch gemahlen
1 1/2 TL Kümmel
1 TL Zucker
etwa 3/4 l heiße Fleischbrühe
3 EL Butter
1 Bund Schnittlauch
Mehl für die Arbeitsfläche

Zubereitung: 1 Std.
Ruhezeit: 30 Min.
Backzeit: 35 Min.
Pro Portion ca.: 655 kcal

Schwäbische Krautkrapfen

1. Das Mehl in eine Schüssel sieben und in die Mitte eine Mulde drücken. Die Eier, etwas Salz, 4 EL kaltes Wasser und das Öl hineingeben und alles zu einem geschmeidigen Teig verkneten. Abdecken und 30 Min. ruhen lassen.

2. Inzwischen die Zwiebeln schälen und klein würfeln. Vom Speck 2/3 in kleine Würfel, den Rest in feine Streifen schneiden. In einem Topf 2 EL Butterschmalz erhitzen, die Speck- und Zwiebelwürfel darin anbraten. Das Sauerkraut abtropfen lassen und etwas zerschneiden. Unter die Speckmischung rühren und mit Salz, Pfeffer, 1/2 TL Kümmel und dem Zucker würzen. 8–10 Min. dünsten und abkühlen lassen.

3. Den Teig auf der bemehlten Arbeitsfläche nochmals durchkneten und halbieren. Eine Hälfte so dünn wie möglich zu einem länglichen Rechteck ausrollen. Die Hälfte des Krauts darauf verteilen, den Rand dabei frei lassen. Von der Längsseite her fest aufrollen, mit der Naht nach unten auf die Arbeitsfläche legen. Die Teigrolle in etwa 5 cm dicke Scheiben schneiden. Mit der zweiten Teig- und Krauthälfte genauso verfahren. Den Backofen auf 200° (Umluft 180°) vorheizen.

4. Eine feuerfeste Form mit dem restlichen Schmalz ausfetten. Die Krapfen dicht an dicht mit der Schnittfläche nach unten hineinsetzen. Mit den Speckstreifen belegen und mit dem restlichem Kümmel bestreuen. Soviel Fleischbrühe seitlich angießen, dass die Krapfen knapp bedeckt sind. Fest mit Alufolie verschließen und im Backofen (Mitte) 20 Min. garen.

5. Die Folie entfernen und die Krautkrapfen offen in 15 Min. fertig backen. In einem Pfännchen die Butter schmelzen und die Krapfen damit öfter bestreichen. Den Schnittlauch waschen, trockenschütteln und in Röllchen schneiden. Über die fertigen Krautkrapfen streuen und in der Form servieren.

Beilage: Kopfsalat oder gemischter Blattsalat

So schmeckt's auch

Gefüllte Eierkuchen
250 g Mehl, 3 Eier, 1/4 l Buttermilch und etwas Wasser zu einem Teig verrühren und pikant mit Salz, Pfeffer, Cayennepfeffer und Curry würzen. Aus dem Teig 8–10 Eierkuchen backen. 200 g Hackfleisch in 1 EL Öl krümelig braten, 2 Knoblauchzehen dazupressen, kräftig würzen und mit 250 g fertigem Sauerkraut und 2 EL saure Sahne vermischen. Je 1 EL Füllung auf die Eierkuchen geben, aufrollen und in eine gebutterte Auflaufform legen. 150 g saure Sahne mit 3 EL geriebenem Käse und 1 EL Meerrettich verrühren, auf den Eierkuchen verstreichen. Im vorgeheizten Ofen bei 200° (Mitte, Umluft 180°) 20 Min. überbacken.

Vegetarischer Gemüseauflauf

Für 4 Personen:
3 mittelgroße Kartoffeln
4 kleine Möhren
2 junge Kohlrabi
2 kleine Zucchini
1 Bund Frühlingszwiebeln
3 EL Butter
1/2 Bund Petersilie
350 ml Milch
200 g Sahne
2 Eier
100 g Hartkäse, frisch gerieben
Salz, Pfeffer
3 Prisen Cayennepfeffer
Muskatnuss, frisch gerieben

Zubereitung: 30 Min.
Backzeit: 55 Min.
Pro Portion ca.: 495 kcal

1. Die Kartoffeln, Möhren und Kohlrabi schälen und waschen. Die Zucchini waschen. Die Frühlingszwiebeln putzen und waschen. Alles in dünne Scheiben bzw. kleine Würfel schneiden. Den Backofen auf 200° (Umluft 180°) vorheizen.

2. Eine große Auflaufform mit 1 EL Butter ausfetten und das Gemüse darin verteilen.

3. Die Petersilie waschen, trockenschütteln und fein hacken. Die Milch mit Sahne, Eiern und Käse verquirlen. Mit Salz, Pfeffer, Cayennepfeffer und Muskat kräftig würzen. Die Petersilie untermischen.

4. Die Eiermilch über das Gemüse gießen. Die restliche Butter in Flöckchen darauf verteilen. Mit Alufolie abdecken und im Ofen (Mitte) 35 Min. backen. Die Folie entfernen und den Auflauf in 15–20 Min. fertig backen, bis die Oberfläche schön goldbraun ist.

Eier mit grüner Sauce

Für 4 Personen:
je 1 Bund Petersilie, Schnittlauch und Dill
1 Kästchen Gartenkresse
1 Hand voll Kerbel
je 6 Stängel Pimpinelle, Borretsch und Sauerampfer
2 Frühlingszwiebeln
400 g Crème fraîche
200 g Magerjoghurt
1 EL mittelscharfer Senf
Salz, Pfeffer
2 EL Zitronensaft
6–8 Eier

Zubereitung: 50 Min.
Pro Portion ca.: 600 kcal

Tipp

Grüne Sauce schmeckt auch zu gekochtem Rindfleisch oder Fisch.

1. Alle Kräuter kurz abbrausen, verlesen und dicke Stängel entfernen. Mit Küchenpapier trockentupfen und fein hacken (einige Kerbelblättchen für die Dekoration beiseite legen). Die Frühlingszwiebeln putzen, waschen und klein schneiden.

2. In einer Schüssel Crème fraîche, Joghurt und Senf glatt rühren. Kräuter und Frühlingszwiebeln untermischen und mit Salz, Pfeffer und Zitronensaft pikant abschmecken.

3. Die Eier in kochendes Wasser legen und 7 Min. kochen lassen. Herausnehmen, kalt abschrecken, pellen und halbieren. Mit Kerbel garnieren und zur Sauce servieren.

Beilagen: neue Kartoffeln und Kopfsalat

So schmeckt's auch

Eier mit Senfsauce
2 EL Butter erhitzen, 3 EL Mehl einrühren und leicht anbräunen lassen. Unter Rühren mit je 1/4 l Brühe und Milch ablöschen.
4 Min. köcheln lassen, mit 3 EL mittelscharfem Senf, 1–2 EL Essig, 1 TL Zucker, Salz und Pfeffer abschmecken. Mit den gekochten Eiern anrichten.

Grünkohl

Für 4 Personen:
2 kg frischer Grünkohl
1 große Zwiebel
3 EL Gänseschmalz (wahlweise Schweineschmalz)
1/2 l Fleischbrühe
6 Pimentkörner
Salz
Pfeffer, frisch gemahlen
Streuwürze
Außerdem nach Belieben:
roh geräucherter Bauchspeck, geräucherte Mettenden, Koch- oder Knackwürste

Zubereitung: 30 Min.
Garzeit: 1 Std. 15 Min.
Pro Portion ca.: 175 kcal

1. Die Grünkohlblätter von den Stielen streifen und dabei gleich klein zupfen. Mehrmals in kaltem Wasser waschen.

2. In einem großen Topf Wasser zum Kochen bringen, den Grünkohl darin 2 Min. blanchieren. In ein Sieb abgießen, abtropfen lassen und grob hacken.

3. Die Zwiebel schälen und grob würfeln. Das Schmalz in einem großen Topf erhitzen, Zwiebel und Grünkohl darin andünsten. Die Brühe angießen. Die Pimentkörner zerdrücken und dazugeben, kräftig mit Salz, Pfeffer und Streuwürze würzen. Speck und Würste darauf legen, zugedeckt 50 Min. bei schwacher Hitze garen.

Beilage: Salzkartoffeln

So schmeckt's auch

Grünkohlsuppe
Für diese schnelle, kalorienarme Suppe je 3 geschälte Zwiebeln und Knoblauchzehen in Scheiben schneiden und in 1 EL Öl andünsten. 250 g TK-Grünkohl und 3/4 l Gemüsebrühe dazugeben und 30 Min. kochen lassen. 2 Kartoffeln schälen, klein würfeln und etwa 100 g Tomatenstücke dazugeben. Weitere 15 Min. kochen lassen, pikant mit Salz, Pfeffer, Thymian und etwas Zitronensaft abschmecken.

Krautwickel

Für 4 Personen:
2 Brötchen vom Vortag
Salz, 1 TL Kümmel
1 großer Kopf Weißkraut
3 Zwiebeln
1 EL Butter
2 Eier
400 g gemischtes Hackfleisch
Pfeffer
je 1/2 TL getrockneter Majoran und Thymian
1/2 TL gemahlener Kümmel
1/2 TL edelsüßes Paprikapulver
1 Möhre
60 g Räucherspeck
3 EL Butterschmalz
1 EL Mehl
Küchengarn

Zubereitung: 1 Std.
Garzeit: 50 Min.
Pro Portion ca.: 600 kcal

1. Die Brötchen in heißem Wasser einweichen und gut ausdrücken. In einem großen Topf Salzwasser mit Kümmel zum Kochen bringen. Den Krautkopf putzen, den Strunk tief herausschneiden. Im kochenden Wasser blanchieren und nach und nach die äußeren Blätter ablösen.

2. 1 Zwiebel schälen, klein würfeln und in der Butter andünsten. Zwiebelwürfel, Brötchen und Eier unter das Hackfleisch mengen. Kräftig mit Salz, Pfeffer und den übrigen Gewürzen abschmecken.

3. 8 große Krautblätter auf der Arbeitsfläche auslegen, auf jedes große 2–3 kleinere legen. Jeweils etwa 2 EL Hackmasse darauf geben, die Blätter von den Seiten über die Füllung schlagen, fest aufrollen und mit Küchengarn binden.

4. Die Möhre schälen und in Scheiben schneiden, die restlichen Zwiebeln schälen und vierteln. Den Speck in Scheiben schneiden, etwas von dem restlichen Kraut in Streifen schneiden. Den Backofen auf 200° (Umluft 180°) vorheizen.

5. In einem großen Bräter das Schmalz erhitzen, die Krautwickel darin von allen Seiten kräftig anbraten. Speck, Zwiebeln, Möhren und Kraut dazugeben, kurz mitschmoren. 1/2 l Krautkochwasser zugießen. Zugedeckt im Ofen (Mitte) 50 Min. schmoren lassen. Das Mehl mit 3 EL Wasser verquirlen, unter die Sauce rühren und kurz aufkochen lassen.

Beilage: Salzkartoffeln

Überbackener Blumenkohl

Für 4 Personen:
1 großer Blumenkohl (etwa 1,3 kg)
Salz
350 g gekochter Schinken (am Stück)
60 g Butter
2 1/2 EL Mehl
etwa 1/4 l Milch
100 g Sahne
2 Eigelbe
50 g geriebener Parmesan
Pfeffer, frisch gemahlen
Muskatnuss, frisch gerieben

Zubereitung: 1 Std.
Pro Portion ca.: 490 kcal

1. Den Blumenkohl putzen, in Röschen teilen und waschen. Reichlich Salzwasser zum Kochen bringen, den Blumenkohl darin 4 Min. kochen. Durch ein Sieb gießen und abtropfen lassen. Den Backofen auf 200° (Umluft 180°) vorheizen.

2. Den Schinken in Würfel schneiden. Eine Auflaufform mit 1 EL Butter ausfetten, Blumenkohl und Schinken darin verteilen.

3. Die restliche Butter in einem Topf erhitzen, das Mehl einrühren und so viel Milch zugießen und unterrühren, dass eine dicke Sauce entsteht. Sahne, Eigelbe und Käse unterrühren und kräftig mit Salz, Pfeffer und Muskat würzen. Die Sauce über den Blumenkohl gießen und im Ofen (Mitte) etwa 40 Min. backen.

Beilagen: Petersilienkartoffeln, Tomatensalat (Seite 34)

So schmeckt's auch

Blumenkohlpuffer
500 g Blumenkohl (geputzt gewogen) grob raspeln. Mit 3 Eiern und 1 EL Mehl vermengen und kräftig mit Salz, Pfeffer und Currypulver würzen. Öl in einer Pfanne erhitzen und aus jeweils 1 1/2 EL Teig darin nach und nach goldbraune Puffer braten. Dazu schmeckt ein grüner Salat.

Gefüllte Paprikaschoten

Für 4 Personen:
1 Brötchen vom Vortag
1 große Zwiebel
2 Knoblauchzehen
1 EL Butter
400 g gemischtes Hackfleisch
1 Ei
Salz, Pfeffer
je 3 Prisen Cayennepfeffer, getrockneter Majoran und Thymian
4 grüne, möglichst gleich große Paprikaschoten (oder 8 kleine Schoten)
3 EL Öl
1 große Dose geschälte Tomaten (800 g)
1/8 l Gemüsebrühe (Instant)
3–4 Stängel Basilikum
100 g saure Sahne

Zubereitung: 40 Min.
Garzeit: 45 Min.
Pro Portion ca.: 510 kcal

1. Das Brötchen in heißem Wasser einweichen und gut ausdrücken. Die Zwiebel und den Knoblauch schälen, klein würfeln und in der Butter glasig andünsten. Das Hackfleisch mit der Brötchenmasse, der Zwiebelmischung und dem Ei vermengen. Pikant mit Salz, Pfeffer und den Gewürzen abschmecken.

2. Von den Paprikaschoten jeweils am Stielende einen Deckel abschneiden und beiseite legen. Kerne und Trennwände herauskratzen und waschen. Die Hackfleischmasse in die Schoten füllen.

3. In einem Schmortopf das Öl erhitzen, die gefüllten Paprikaschoten darin rundum kurz anbraten, nicht zu eng aufstellen und die Deckel auflegen.

4. Die Tomaten in der Dose etwas zerkleinern, zwischen den Schoten verteilen. Die Brühe angießen und mit Salz und Pfeffer würzen. Zugedeckt bei schwacher Hitze etwa 45 Min. schmoren lassen.

5. Das Basilikum waschen und trockenschütteln, die Blätter grob hacken. Saure Sahne und Basilikum unter die Sauce rühren und mit den Paprikaschoten servieren.

Beilage: Salzkartoffeln, Reis oder Baguette

Für 4 Personen:
1 kg kleine, fest kochende Kartoffeln
2 TL Kümmel
Salz
2 Zwiebeln
100 g Räucherspeck
3–4 EL Öl (wahlweise Butterschmalz)
Pfeffer, frisch gemahlen
4 Eier
100 g Kirschtomaten
4–5 Gewürzgurken
3 EL Schnittlauchröllchen

Zubereitung: 1 Std.
Pro Portion ca.: 475 kcal

Bauernfrühstück

1. Die Kartoffeln waschen und in einen Topf geben. Mit Wasser bedecken, 1 TL Kümmel und etwas Salz zugeben und 20 Min. kochen lassen. Abgießen, ausdampfen lassen, pellen und in Scheiben schneiden.

2. Die Zwiebeln schälen und fein hacken. Den Speck klein würfeln. In einer großen Pfanne das Öl erhitzen. Zuerst den Speck, dann die Zwiebeln anbraten. Beides herausnehmen und in dem Bratfett die Kartoffeln von beiden Seiten knusprig braten. Mit Salz, Pfeffer und restlichem Kümmel würzen. Speck und Zwiebeln untermischen.

3. Die Eier mit 2 EL Wasser verschlagen, salzen und über die Bratkartoffeln gießen. Zugedeckt in 3–4 Min. stocken lassen. Eine Hälfte der Kartoffeln über die andere heben und umgedreht aus der Pfanne auf eine längliche Platte stürzen.

4. Die Kirschtomaten waschen und halbieren, die Gewürzgurken abtropfen lassen und längs vierteln. Das Bauernfrühstück mit den Kirschtomaten, Gewürzgurken und Schnittlauchröllchen garnieren und sofort servieren.

Tipp

Für extraknusprige Bratkartoffeln Pellkartoffeln vom Vortag nehmen und in der Pfanne erst wenden, wenn die Kartoffeln auf einer Seite richtig braun gebraten sind.

Für 2 Personen:
2 Kalbsschnitzel (je etwa 180 g, von der Unterschale)
Pfeffer, frisch gemahlen
2 EL Butterschmalz
1 TL Butter
2 Eier
Salz
4 eingelegte Sardellenfilets
2 TL Kapern
2 Prisen rosenscharfes Paprikapulver

Zubereitung: 25 Min.
Pro Portion ca.: 405 kcal

Holsteiner Schnitzel

1. Die Schnitzel zwischen Frischhaltefolie legen und leicht klopfen. Jede Seite mit Pfeffer würzen. In einer Pfanne das Schmalz erhitzen, die Schnitzel von jeder Seite 3–4 Min. braten. In einer zweiten Pfanne die Butter zerlassen, die Eier vorsichtig hineinschlagen und zu Spiegeleiern braten. Schnitzel und Eier salzen.

2. Die Schnitzel auf vorgewärmte Teller legen und auf jedes ein Spiegelei gleiten lassen. Mit je 2 Sardellenfilets und 1 TL Kapern garnieren und mit dem Paprikapulver bestreuen.

Beilagen: Brat- oder Salzkartoffeln, Blumenkohl, gemischter Salat

So schmeckt's auch

Die Schnitzel salzen, pfeffern und in wenig Mehl wenden. Das Butterschmalz erhitzen und die Schnitzel darin beidseitig braten. 250 g gehackte Champignons zugeben und mitbraten. Mit etwas Gemüsefond ablöschen und mit Sahne und Madeira abschmecken.

Für 6 Personen:
2 l Fleischbrühe (Seite 8)
Salz
1 kg Rinderschulter
1 kg Kartoffeln
2 Möhren
1/2 Sellerieknolle
1–2 Petersilienwurzeln
1 Stange Lauch
1–2 Stängel frischer Liebstöckel (Maggikraut)
Pfeffer, frisch gemahlen
Muskatnuss, frisch gerieben
1 Bund Petersilie
200 g saure Sahne
3–4 EL Meerrettich (aus dem Glas)
1 EL Zitronensaft
1 Apfel
2 Prisen Zucker

Zubereitung: 30 Min.
Garzeit: 2 Std. 30 Min.
Pro Portion ca.: 425 kcal

Rinderbrust mit Apfelmeerrettich

1. Die Fleischbrühe aufkochen, salzen und das Fleisch in die Brühe einlegen. Bei schwacher Hitze offen in etwa 2 Std. 30 Min. gar ziehen lassen.

2. Die Kartoffeln, Möhren, Sellerie und Petersilienwurzeln schälen. Den Lauch putzen und alles Gemüse waschen. Alles in Würfel bzw. Scheiben schneiden und in einen Topf geben. Den Liebstöckel waschen.

3. Sobald das Fleisch fast gar ist, soviel Brühe abnehmen und auf das Gemüse gießen, dass es knapp bedeckt ist. Liebstöckel dazulegen und das Gemüse in etwa 15 Min. bissfest garen. Mit Pfeffer und Muskat würzen. Die Petersilie waschen und trockenschütteln, die Blättchen hacken und unter das Gemüse mischen.

4. Die saure Sahne mit dem Meerrettich und dem Zitronensaft verrühren. Den Apfel schälen und dazureiben. Mit etwas Salz, Pfeffer und Zucker pikant würzen.

5. Das Fleisch aus der Brühe heben und quer zur Faser in Scheiben schneiden. Auf angewärmten Tellern anrichten und den Apfelmeerrettich und das Gemüse dazu servieren.

So schmeckt's auch

- Die gekochte Rinderbrust mit Grüner Sauce (Seite 86) servieren.
- Sauce hollandaise (Seite 42) und **Wirsinggemüse** dazu servieren: 1 kleinen Kopf Wirsing putzen und den Strunk herausschneiden. Die Blätter ablösen und 3 Min. in kochendem Wasser blanchieren. Durch ein Sieb abgießen, kalt abschrecken und in Streifen schneiden. 50 g Räucherspeck klein würfeln und in 2 EL Öl anbraten. Den Wirsing dazugeben, kurz mitbraten, 3 EL Crème fraîche unterrühren und mit Salz, Pfeffer, Muskat und etwas gemahlenem Kümmel abschmecken.

Sauerbraten mit Möhren

Für 4 Personen:
2 Zwiebeln
1 Bund Suppengrün
1/2 l kräftiger Rotwein
1/8 l Rotweinessig
je 1 TL Pimentkörner, Pfefferkörner und Wacholderbeeren
je 2 Lorbeerblätter und Nelken
1 kg Rinderbraten
(z. B. Bürgermeisterstück)
Salz, Pfeffer
3 EL Öl
4 große Möhren
50 g Kuchen (ersatzweise 1 Beutel Soßenkuchen)
100 g saure Sahne

Zubereitung: 2 Std. 30 Min.
Marinierzeit: 3 Tage
Pro Portion ca.: 560 kcal

1. Die Zwiebeln schälen, das Suppengrün waschen und beides grob würfeln. In einen Topf geben und mit Wein, Essig, 1/4 l Wasser und allen Gewürzen 5 Min. kochen lassen. Auskühlen lassen und das Fleisch in den Sud einlegen. Zugedeckt 3 Tage an einem kühlen Ort durchziehen lassen.

2. Das Fleisch aus der Marinade nehmen und mit Küchenpapier abtrocknen. Mit Salz und Pfeffer würzen. Das Öl in einem Schmortopf erhitzen, das Fleisch darin rundum kräftig anbraten. Die Möhren schälen, halbieren und längs vierteln. Zusammen mit dem Suppengrün aus der Marinade dazugeben und anbraten. Die Möhren wieder herausnehmen und beiseite stellen. Mit der Hälfte des Suds ablöschen, zugedeckt 1 Std. bei schwacher Hitze schmoren lassen. Den restlichen Sud angießen, die Möhren wieder dazugeben und 1 Std. weiterschmoren lassen.

3. Das Fleisch herausheben und in Scheiben schneiden. Den Kuchen in der Sauce auflösen und die saure Sahne unterrühren. Das Fleisch auf einer Platte mit den Möhren anrichten. Die Sauce dazu servieren.

Beilage: Thüringer Klöße (Seite 50), Semmelknödel oder Serviettenkloß (beide Seite 52)

Rinderrouladen

Für 4 Personen:
4 mittelgroße Zwiebeln
5 Gewürzgurken
(+ Sud aus dem Glas)
150 g fetter Speck
4 Rindsrouladen (große dünne Scheiben, je etwa 180 g)
Salz, Pfeffer
5 TL mittelscharfer Senf
3 EL Butterschmalz
1 EL Mehl
Rouladennadeln oder Holzspießchen

Zubereitung: 20 Min.
Garzeit: 1 Std. 15 Min.
Pro Portion ca.: 550 kcal

1. Die Zwiebeln schälen, halbieren und in Spalten schneiden. Die Gewürzgurken abtropfen lassen und in Streifen schneiden. Speck in dünne Scheiben schneiden.

2. Die Rouladen von beiden Seiten salzen und pfeffern. Auf der Arbeitsfläche ausbreiten, jeweils mit 1 TL Senf bestreichen und mit etwas von den Zwiebeln, dem Speck und den Gurken belegen, die Reste beiseite legen. Die Rouladen seitlich einschlagen und von der Schmalseite her fest aufrollen. Mit Rouladennadeln oder Holzspießchen zustecken.

3. Das Butterschmalz in einem schweren Schmortopf erhitzen. Die Rouladen darin bei starker Hitze sehr kräftig rundum anbraten.

4. Die restlichen Zwiebeln, Gurken und Speck dazugeben und kurz mit anbraten. Mit so viel heißem Wasser ablöschen, dass die Rouladen halb bedeckt sind. Den restlichen Senf und etwas Gurkenwasser zugeben und zugedeckt bei schwacher Hitze 1 Std. 15 Min. köcheln lassen (eventuell zwischendurch noch etwas Wasser nachgießen).

5. Das Mehl mit etwas kaltem Wasser anrühren, zur Sauce geben und 4 Min. köcheln lassen.

Beilagen: Kartoffelpüree (Seite 48), Rosenkohl (Seite 44), Salzkartoffeln, Rotkohl oder Bayerisch Kraut (beide Seite 46)

Szegediner Gulasch

Für 6 Personen:
1 TL Kümmel
1 kg Schweinegulasch
(z. B. mageres Nackenstück)
Salz
Pfeffer, frisch gemahlen
4 Zwiebeln
4 Knoblauchzehen
4 EL Schweineschmalz
je 1 1/2 EL rosenscharfes und edelsüßes Paprikapulver
1 Lorbeerblatt
2 EL Tomatenmark
etwa 1 l Fleischbrühe (Seite 8 oder Instant-Brühe)
1 rote Paprikaschote
600 g Sauerkraut
200 g saure Sahne
1 TL Mehl

Zubereitung: 35 Min.
Garzeit: 1 Std. 25 Min.
Pro Portion ca.: 325 kcal

1. Den Kümmel hacken. Das Fleisch damit und mit Salz und Pfeffer kräftig würzen. Die Zwiebeln und den Knoblauch schälen und in dünne Scheiben schneiden.

2. In einem Schmortopf das Schmalz erhitzen, Zwiebeln darin glasig andünsten. Beide Paprikapulver einrühren, sofort mit 1/2 Tasse Wasser ablöschen. Einkochen lassen, Fleisch hinzufügen und 10 Min. braten. Knoblauch, Lorbeerblatt, Tomatenmark und etwas Fleischbrühe hinzufügen. Zugedeckt bei schwacher Hitze 40 Min. schmoren lassen. Öfter umrühren und Brühe nachgießen.

3. Die Paprikaschote putzen, waschen und klein würfeln. Mit dem Sauerkraut untermengen. Mit Brühe bedecken, 30 Min. köcheln lassen. Saure Sahne und Mehl verquirlen, unter das Gulasch rühren. Offen noch 15 Min. ziehen lassen.

Beilage: Serviettenkloß (Seite 52), Spätzle (Seite 50), Salzkartoffeln

So schmeckt's auch

Paprikagulasch (siehe Titelfoto)
Je 1 große rote und gelbe Paprikaschote putzen und in Streifen schneiden, 1 Zwiebel schälen und würfeln. 120 g Speckwürfel ausbraten, die Grieben entfernen. Im Bratfett 750 g Schweinegulasch anbraten, Zwiebeln und Paprikastreifen dazugeben. Salzen, pfeffern und 10 Min. braten. 1 EL edelsüßes Paprikapulver unterrühren, sofort mit 1/8 l Rotwein und 1/4 l Wasser ablöschen. Zugedeckt 1 Std. 30 Min. schmoren lassen. Noch 1 EL edelsüßes Paprikapulver, 200 g Crème fraiche und reichlich frisch gehackte Petersilie unterrühren.

Schweinebraten mit Kruste

Für 6 Personen:
1 kg Schweinebraten mit Schwarte (Schulterstück)
Salz, Pfeffer
2 Zwiebeln
4 Knoblauchzehen
1 TL Kümmel
2 Tomaten
1/4 l dunkles Bier

Zubereitung: 20 Min.
Garzeit: 1 Std. 50 Min.
Pro Portion ca.: 461 kcal

1. Den Backofen auf 220° (Umluft 200°) vorheizen. Die Schwarte des Schweinebratens mit einem scharfen Messer kreuzförmig leicht einschneiden. Rundum kräftig mit Salz und Pfeffer würzen. Die Zwiebeln und den Knoblauch schälen.

2. Den Braten mit der Schwarte nach unten in einen Schmortopf legen, etwas heißes Wasser angießen und mit dem Kümmel bestreuen. Die Tomaten waschen und mit den Zwiebeln und dem Knoblauch dazulegen. Im Ofen (Mitte) 20 Min. braten.

3. Den Braten umdrehen und das Bier zugießen. 1 Std. 30 Min. weiterbraten, zwischendurch öfter mit der Biersauce begießen, damit die Schwarte knusprig wird.

Beilagen: Semmelknödel (Seite 52), Sauerkraut, Kraut- oder Gurkensalat

Lammragout

Für 4 Personen:
1 kg Lammfleisch (Schulter oder Keule)
1 EL Mehl
3 Zwiebeln
5 Knoblauchzehen
3 EL Olivenöl
2 EL Butter
Salz, Pfeffer
1/4 l trockener Weißwein (ersatzweise Brühe oder Lammfond)
1/4 l Fleischbrühe (wahlweise Lammfond aus dem Glas)
2 EL Zitronensaft
1 Bund gemischte Kräuter (Thymian, Majoran, Rosmarin)
100 g Sahne

Zubereitung: 45 Min.
Garzeit: 1 Std. 15 Min.
Pro Portion ca.: 755 kcal

1. Das Fleisch von Fett und Sehnen befreien, in mundgerechte Würfel schneiden und im Mehl wenden. Die Zwiebeln und den Knoblauch schälen und klein würfeln.

2. In einem Schmortopf das Öl mit der Butter erhitzen und das Fleisch darin portionsweise scharf anbraten. Jeweils mit Salz und Pfeffer würzen und mit einem Schaumlöffel aus dem Topf heben. Im Bratfett die Zwiebel- und Knoblauchwürfel andünsten. Mit dem Wein ablöschen, die Brühe zugießen und den Zitronensaft unterrühren.

3. Das Fleisch zurück in den Topf geben. Die Kräuter waschen und dazulegen. Zugedeckt bei schwacher Hitze 45 Min. schmoren lassen.

4. Die Sahne und eventuell noch etwas Brühe angießen und in weiteren 30 Min. fertig garen.

Beilagen: Reis, Petersilienkartoffeln, Weißbrot, Tomatensalat (Seite 34)

Putengeschnetzeltes mit Gemüse

Für 4 Personen:
600 g Putenbrustfilet
Salz, Pfeffer
200 g kleine Egerlinge
2 kleine Zucchini
1 Stange Lauch
2 Möhren
3 Knoblauchzehen
4 EL Öl
1/4 l Hühnerbrühe (Instant)
150 g Crème fraîche
2 EL gehackte Petersilie

Zubereitung: 50 Min.
Pro Portion ca.: 610 kcal

1. Das Putenfleisch quer zur Faser in dünne Streifen schneiden. Mit Salz und Pfeffer würzen. Die Egerlinge putzen (nicht waschen!) und in Scheiben schneiden. Die Zucchini waschen und in Scheiben schneiden. Den Lauch putzen, gründlich waschen und in Ringe schneiden. Die Möhren schälen und in Scheiben schneiden. Den Knoblauch schälen und ebenfalls in Scheiben schneiden.

2. In einer großen Pfanne das Öl erhitzen. Die Putenstreifen unter Rühren 4 Min. anbraten und wieder herausnehmen. In dem Bratfett zuerst Möhren und Lauch, dann die Zucchini, die Pilze und den Knoblauch in 4–5 Min. bissfest anbraten.

3. Die Brühe angießen, die Crème fraîche unterrühren und das Fleisch zurück in die Pfanne geben. Mit Salz und Pfeffer abschmecken und mit der Petersilie bestreut servieren.

Beilage: grüne Nudeln oder Reis

Tipp

Dazu schmeckt ein grüner Salat: 1 Kopfsalat putzen, waschen und in mundgerechte Stücke zupfen. Aus 200 g Bio-Joghurt, 5 EL Zitronensaft, 2 EL gehacktem Dill, Salz, Zucker und Pfeffer ein Dressing rühren und mit dem Kopfsalat vermengen.

Hühnerfrikassee

Für 4 Personen:
1 frisches küchenfertiges Suppenhuhn (etwa 1,2 kg)
1 Zwiebel
1 Lorbeerblatt
2 Nelken
1 Bund Suppengrün
10 Pfefferkörner
Salz
2 Möhren
50 g Butter
4 EL Mehl
60 g Kapern
100 ml Weißwein (nach Belieben)
3 EL Zitronensaft
4 EL saure Sahne
3 EL gehackte Petersilie

Zubereitung: 40 Min.
Garzeit: 1 Std. 50 Min.
Pro Portion ca.: 800 kcal

1. Das Huhn waschen und in einem Topf mit Wasser bedeckt zum Kochen bringen. Die Zwiebel schälen, das Lorbeerblatt mit den Nelken daran feststecken. Das Suppengrün putzen und waschen. Die gespickte Zwiebel, das Suppengrün, Pfefferkörner und Salz zum Huhn geben. 1 Std. 30 Min. bei schwacher Hitze garen.

2. Die Möhren schälen, im Ganzen zum Huhn in den Topf geben und weitere 20 Min. köcheln lassen.

3. Das Huhn aus der Brühe heben. Die Haut entfernen, das Fleisch von den Knochen lösen und in kleine Stücke schneiden. Die Möhren herausnehmen und klein würfeln.

4. Die Butter in einem Topf zerlassen, das Mehl einrühren und unter Rühren so viel Brühe zugießen, dass eine sämige Sauce entsteht. Kurz köcheln lassen und mit Kapern, Wein, Zitronensaft und saurer Sahne pikant abschmecken. Hühnerfleisch, Möhren und Petersilie unter die Sauce mengen.

Beilagen: Reis, Salzkartoffeln, gemischter Blattsalat

Knuspriges Backhähnchen

Für 4 Personen:
1 küchenfertiges Brathähnchen (etwa 1,2 kg)
2 EL Zitronensaft
Salz, Pfeffer
2 TL rosenscharfes Paprikapulver
2 Eier
4 EL Mehl
etwa 150 g Semmelbrösel
500 g Pflanzenfett (z. B. Palmin)
1 Zitrone

Zubereitung: 1 Std.
Pro Portion ca.: 795 kcal

1. Das Hähnchen in acht Teile zerlegen. Die Stücke waschen und mit Küchenpapier abtrocknen. Mit Zitronensaft einreiben und mit Salz, Pfeffer und Paprika würzen.

2. Die Eier auf einem Teller verquirlen. Die Hähnchenteile zuerst im Mehl wenden, dann durch das Ei ziehen und zuletzt in den Semmelbröseln wenden. Die Panade gut festdrücken.

3. Das Fett in einem Topf (oder der Fritteuse) auf 180° erhitzen und die Teile darin portionsweise in 10–12 Min. goldbraun ausbacken (die Schenkel brauchen etwas länger). Mit einem Schaumlöffel herausnehmen und auf Küchenpapier abtropfen lassen. Die Zitrone in Spalten schneiden und alles auf einer Platte anrichten.

Beilagen: Kartoffelsalat, Feldsalat, Gurkensalat, gemischter Salat

So schmeckt's auch

Hähnchenbrust in Senfpanade
3 Hähnchenbrustfilets mit Zitronensaft, Salz und Pfeffer würzen. 2 EL mittelscharfen Senf mit 2 Eigelben, 6 TL Sahne und etwas abgeriebener Zitronenschale verrühren. Die Filets in Mehl wenden, mit der Senfmischung bestreichen und 1 Std. ziehen lassen. Mit Semmelbröseln panieren und in Butterschmalz goldbraun braten. Mit Kräuterbutter und Zitronenspalten anrichten.

Für 4 Personen:
60 g Rosinen
4 cl Rum (ersatzweise Apfelsaft)
200 g altbackenes Weißbrot
2–3 Äpfel (z. B. Boskop)
2 EL Entenschmalz (ersatzweise Gänseschmalz)
Salz, Pfeffer
2 Prisen Zimt
1 TL getrockneter Thymian
1/4 l trockener Weißwein (ersatzweise Geflügelbrühe)
1 junge Ente (etwa 2 kg)
Holzzahnstocher
Küchengarn

Zubereitung: 1 Std.
Bratzeit: 1 Std. 30 Min.
Pro Portion ca.: 1115 kcal

Gefüllte Ente

1. Die Rosinen im Rum oder Saft einweichen. Das Brot in kleine Würfel schneiden. Die Äpfel vierteln, schälen, das Kerngehäuse entfernen und klein würfeln.

2. In einer Pfanne 1 EL Schmalz erhitzen und die Brotwürfel darin knusprig anbraten. Die Äpfel dazugeben, kurz mitbraten und mit Salz, Pfeffer, Zimt und Thymian würzen. Die Rosinen samt Einweichflüssigkeit und die Hälfte des Weins dazugeben. Den Backofen auf 225° (Umluft 200°) vorheizen.

3. Die Ente waschen, mit Küchenpapier abtrocknen und den Bürzel entfernen. Innen und außen mit Salz und Pfeffer würzen. Mit der Brot-Apfel-Mischung füllen (die Flüssigkeit aufheben). Die Hals- und Bauchöffnung mit Zahnstochern zustecken, letztere noch mit Küchengarn kreuzweise verschnüren. Die Flügel unter den Rücken stecken, die Keulen mit Küchengarn zusammenbinden.

4. In einem Bräter das restliche Schmalz erhitzen, die Ente mit der Brust nach unten hineinsetzen und im Ofen (Mitte) 45 Min. braten. Restlichen Wein und die zurückbehaltene Flüssigkeit zugießen, zwischendurch die Ente öfter mit dem Bratensaft begießen. Sobald der Rücken schön gebräunt ist, die Temperatur auf 175° (Umluft 160°) reduzieren. Die Ente umdrehen und weitere 45 Min. braten, eventuell noch etwas Wasser angießen.

5. Die fertige Ente aus dem Bräter auf eine Platte heben und im ausgeschalteten Ofen warm halten. Den Bratensaft nach Belieben entfetten (mit einem Löffel abschöpfen oder mit Küchenpapier aufsaugen). Die Sauce nochmals aufkochen und mit Salz und Pfeffer abschmecken.

6. Die Ente in Portionsstücke zerteilen und mit der Füllung auf einer Platte anrichten. Die Sauce in eine Sauciere füllen und dazu reichen.

Beilagen: Salzkartoffeln, Kartoffelplätzchen (Seite 48), Rotkohl (Seite 46) oder Rosenkohl (Seite 44)

So schmeckt's auch

Ente mit Pflaumen-Mandel-Füllung
Die Innereien der Ente (Herz, Leber, Magen) gut säubern und in schmale Streifen schneiden. 300 g Pflaumen waschen, entsteinen und vierteln. Alles mit 80 g Mandelstiften vermengen und mit etwas Salz, frisch gemahlenem Pfeffer, 1 EL frischen Thymianblättchen, 1/2 TL Nelkenpulver und je 1 Msp. Zimt-, Koriander- und Ingwerpulver würzen. Die Ente mit der Mischung füllen, gut zustecken und wie im Rezept beschrieben braten.

Weihnachtsgänsebraten

Für 6 Personen:
1 küchenfertige Gans (etwa 4 kg)
Salz, Pfeffer
4–5 Stängel Beifuß
2 mürbe, säuerliche Äpfel
(z. B. Boskop)
Holzspießchen

Zubereitung: 30 Min.
Garzeit: etwa 3 Std. 30 Min.
Pro Portion ca.: 1235 kcal

1. Den Backofen auf 180° (Umluft 160°) vorheizen. Die Gans gut waschen und mit Küchenpapier abtrocknen (evtl. vorhandenes Gänseklein und Fett entnehmen). Die Gans innen und außen kräftig mit Salz und Pfeffer würzen.

2. Den Beifuß waschen und trockenschütteln, die Blättchen abzupfen. Die Äpfel waschen. Beifuß und Äpfel in die Bauchöffnung legen und mit Holzspießchen zustecken.

3. Die Gans mit der Brust nach unten in einen Bräter legen. 1/4 l Wasser zugießen und abgedeckt im Ofen (unten) 1 Std. braten.

4. Die Gans umdrehen, nochmals etwas Wasser angießen. Die Haut überall mit einem Spießchen einstechen, damit das Fett austreten kann. Weitere 2 Std. bis 2 Std. 30 Min. braten, zwischendurch öfter mit dem Bratensaft begießen.

5. 20 Min. vor dem Ende der Garzeit die Gans mehrmals mit kaltem Salzwasser bestreichen, damit die Haut schön knusprig wird. Die fertige Gans herausnehmen und zerteilen.

Beilagen: Thüringer Klöße (Seite 50) und Rotkohl (Seite 46)

Tipp

Vom Bratfond das Fett abschöpfen und die Sauce nach Belieben noch mit 1 TL Mehl oder Speisestärke binden.

Kaninchen in Sahnesauce

Für 4 Personen:
1 unbehandelte Zitrone
1 küchenfertiges junges Kaninchen (etwa 1,5 kg; in 8 Stücke zerteilt)
Salz, Pfeffer
3 EL Butterschmalz
400 ml Geflügelfond (aus dem Glas)
400 g saure Sahne
1 Zwiebel
2 Knoblauchzehen

Zubereitung: 30 Min.
Marinierzeit: 1 Std.
Garzeit: 1 Std.
Pro Portion ca.: 715 kcal

1. Die Zitrone waschen und abtrocknen, die Schale abreiben und den Saft auspressen. Die Kaninchenstücke waschen und mit Küchenpapier abtrocknen. Von allen Seiten mit Zitronenschale und Zitronensaft einreiben und kräftig mit Salz und Pfeffer würzen. Abgedeckt 30 Min. durchziehen lassen.

2. Den Backofen auf 200° (Umluft 180°) vorheizen. In einem Bräter das Schmalz erhitzen, das Fleisch von allen Seiten braun und knusprig anbraten. Mit dem Fond ablöschen und die Hälfte der sauren Sahne unterrühren. Die Zwiebel und den Knoblauch schälen, klein würfeln und dazugeben. Zugedeckt im Ofen (Mitte) 1 Std. schmoren. Zwischendurch die Teile wenden und eventuell noch etwas Wasser angießen.

3. Das fertige Kaninchen aus dem Bräter nehmen, die restliche Sahne unter die Sauce rühren, erwärmen und nochmals abschmecken.

Beilagen: Thüringer Klöße (Seite 50), Semmelknödel (Seite 52), Rotkohl (Seite 46), Rosenkohl (Seite 44)

Wildgulasch mit Pilzen

Für 4 Personen:
20 g getrocknete Steinpilze (wahlweise getrocknete Mischpilze)
2 Zwiebeln
50 g durchwachsener Speck
500 g Wildgulasch (Hirsch, Reh)
Salz, Pfeffer
je 2 Stängel Thymian und Majoran
2 EL Butterschmalz
1/2 l Rotwein (ersatzweise Fleischbrühe)
1 Lorbeerblatt
5 Wacholderbeeren
150 g Champignons
150 g Pfifferlinge
2 EL Butter
1 TL Mehl

Zubereitung: 30 Min.
Garzeit: 1 Std.
Pro Portion ca.: 425 kcal

1. Die getrockneten Pilze in warmem Wasser einweichen. Die Zwiebeln schälen und fein hacken. Den Speck in kleine Würfel schneiden. Das Fleisch mit Salz und Pfeffer würzen. Die Kräuter waschen.

2. Das Butterschmalz in einem Schmortopf erhitzen. Zuerst den Speck, dann das Fleisch darin kräftig anbraten. Die Zwiebeln dazugeben, kurz mitbraten und mit dem Rotwein ablöschen. Die getrockneten Pilze mit dem Einweichwasser, das Lorbeerblatt, die Wacholderbeeren und die Kräuter dazugeben. Zugedeckt etwa 1 Std. schmoren lassen.

3. Die Champignons und Pfifferlinge putzen, größere Pilze vierteln. Die Butter in einer Pfanne erhitzen, die Pilze darin anbraten, mit Salz und Pfeffer würzen und unter das fertige Gulasch mischen. Das Mehl mit wenig kaltem Wasser verrühren und die Sauce damit binden.

Beilage: Kartoffelklöße, Semmelknödel (Seite 52), Spätzle (Seite 50), Kartoffelpüree (Seite 48)

Rehrücken mit Morcheln

Für 6 Personen:
2 Zwiebeln
2 Möhren
1 Stange Lauch
12 Wacholderbeeren
1 Knoblauchzehe
4 Scheiben durchwachsener Räucherspeck (etwa 75 g)
100 g Butter
1 küchenfertiger Rehrücken (etwa 2 kg)
Salz, Pfeffer
6–8 getrocknete Morcheln
300 g saure Sahne
6 EL Preiselbeeren (aus dem Glas)

Zubereitung: 30 Min.
Bratzeit: 1 Std. 20 Min.
Pro Portion ca.: 585 kcal

1. Die Zwiebeln und Möhren schälen, den Lauch putzen und gründlich waschen, alles grob zerteilen. Die Wacholderbeeren zerdrücken, den Knoblauch schälen und durch die Presse drücken. Den Speck in Streifen schneiden. Die Butter schmelzen lassen. Den Backofen auf 200° (Umluft 180°) vorheizen.

2. Den Rehrücken mit Salz, Pfeffer, Wacholderbeeren und Knoblauch einreiben. In einen Bräter legen und mit der flüssigen Butter beträufeln. Das Gemüse und die Morcheln um den Braten verteilen, den Speck darüber streuen und 1/2 l Wasser angießen. Im heißen Ofen (Mitte) 1 Std. 20 Min. braten, zwischendurch öfter mit dem Bratensaft begießen.

3. Den Bratenfond samt Speck in einen Topf gießen, das Gemüse dazupassieren. Die saure Sahne unterrühren und erwärmen.

4. Das Rehfleisch vom Knochen lösen, in dicke Scheiben schneiden und auf einer Platte mit den Preiselbeeren anrichten. Die Morchelsauce dazu reichen.

Beilagen: neue Kartoffeln, Sommergemüse

Desserts & Süßes zum Sattessen

Das schmeckt immer

Nicht nur Kinder lieben Mehlspeisen, auch Erwachsene können süßen Aufläufen und Desserts selten widerstehen. Eierkuchen oder Kaiserschmarrn, frisch aus der Pfanne serviert, selbst gemachtes Kompott oder herrlich duftender Schokoladenkuchen, wer kann da schon »Nein« sagen?
Wer sich die Mühe gemacht hat, als krönenden Abschluss einer guten Mahlzeit noch eine feine Creme oder Eisbombe zu servieren, wird ganz sicher mit besonderem Dank belohnt. In diesem Kapitel finden Sie eine Fülle leckerer Rezepte dazu, lassen Sie sich überraschen!

Kartoffelpuffer

Für 4 Personen:
1,5 kg große, mehlig kochende Kartoffeln
1 große Zwiebel
2 Eier
2 EL Mehl
Salz, Pfeffer
Öl oder Butterschmalz zum Ausbacken

Zubereitung: 1 Std.
Pro Portion ca.: 500 kcal

1. Die Kartoffeln schälen, waschen und fein reiben. Die Zwiebel schälen und dazureiben.

2. Die Eier, das Mehl, 1 TL Salz und etwas Pfeffer sorgfältig unter die Kartoffelmischung rühren.

3. In einer großen Pfanne jeweils 3 EL Öl oder Schmalz erhitzen, pro Kartoffelpuffer gut 2 EL Kartoffelmasse hineingeben und flach streichen. Wenn die Puffer nach etwa 4 Min. an den Rändern braun werden, wenden und in etwa 4 Min. fertig braten. So verfahren, bis der Teig verbraucht ist.

Beilagen: Apfelmus, Kompott, Rübenkraut oder Sauerkraut

Kirschenmichel

Für 4 Personen:
600 g Sauerkirschen (oder
1 kg dickfleischige Süßkirchen)
6 altbackene Brötchen
4 Eier, 1/2 l Milch
1 TL Zimtpulver
1 Päckchen Vanillezucker
4 EL brauner Zucker
3 EL Butter, 3 EL Mandelstifte
2 EL Puderzucker

Zubereitung: 35 Min.
Backzeit: 1 Std.
Pro Portion ca.: 595 kcal

1. Die Kirschen waschen, Stiele abzupfen und entsteinen. Die Brötchen in dünne Scheiben schneiden. Die Eier mit Milch, Zimt, Vanillezucker und Zucker verquirlen. Den Backofen auf 200° (Umluft 180°) vorheizen.

2. Eine große Auflaufform mit 1 EL Butter ausfetten. Abwechselnd Kirschen, Brötchen und Mandeln in der Form verteilen. Die Eiermilch darüber gießen und die restliche Butter in Flöckchen darauf verteilen.

3. Den Auflauf im Ofen (Mitte) etwa 1 Std. goldbraun backen. Vor dem Servieren mit dem Puderzucker bestäuben. Dazu schmeckt Vanillesauce (Seite 114 Tipp).

Eierkuchen

Für 4 Personen:
1/2 l Milch
4 Eier
300 g Mehl
3–4 EL Mineralwasser
Salz
Öl oder Butterschmalz zum Ausbacken
Zucker oder Zimtzucker zum Bestreuen

Zubereitung: 35 Min.
Pro Portion ca.: 485 kcal

1. Die Milch mit den Eiern verquirlen. Mehl, Mineralwasser und 2 Prisen Salz gründlich unterrühren und den Teig 20 Min. ruhen lassen.

2. In einer mittelgroßen Pfanne etwas Fett erhitzen und 1 kleine Schöpfkelle Teig darin verteilen. Bei mittlerer Hitze backen, bis der Rand goldbraun wird. Wenden und auf der anderen Seite in etwa 1 Min. fertig backen. Mit Zucker oder Zimtzucker bestreuen. Weitere Eierkuchen backen, bis der Teig verbraucht ist.

Bratäpfel

Für 4 Personen:
2 EL Butter
8 mittelgroße Äpfel (Boskop, Cox Orange)
60 g gehackte Walnüsse
50 g Rumrosinen
5–6 EL Apfelgelee
3 EL Bienenhonig
1/2 TL Zimtpulver

Zubereitung: 20 Min.
Backzeit: 30 Min.
Pro Portion ca.: 370 kcal

1. Den Backofen auf 180° (Umluft 160) vorheizen. Eine feuerfeste Form mit 1 EL Butter ausfetten. Die Äpfel waschen, abtrocknen und das Kerngehäuse großzügig ausstechen. Die Äpfel in die Form setzen.

2. Die Nüsse mit Rosinen, Apfelgelee, Honig und Zimt verrühren. Diese Mischung in die Äpfel füllen und die restliche Butter in Flöckchen darauf setzen. Im Ofen (Mitte) etwa 30 Min. backen, bis sie weich sind. Dazu schmeckt Vanillesauce oder Vanilleeis.

Tipp: Etwas Calvados anwärmen und über die fertigen Äpfel gießen. Sofort anzünden und flambieren.

Für 4 Personen:
500 g Rhabarber
280 g Zucker
1 langes Stück unbehandelte Zitronenschale
1 kleine Zimtstange
1 Vanilleschote
1/2 l Milch
2 Eier
50 g Speisestärke
1 EL Butter
Salz

Zubereitung: 1 Std.
Pro Portion ca.: 480 kcal

Rhabarberkompott mit Vanillepudding

1. Den Rhabarber putzen, bei älteren Stangen die Haut abziehen und in etwa 3 cm lange Stücke schneiden. 1/8 l Wasser, 200 g Zucker, Zitronenschale und Zimtstange in einem Topf zum Kochen bringen. Die Rhabarberstücke dazugeben und 2–3 Min. darin garen, aber nicht zerfallen lassen. Vom Herd nehmen und kalt stellen.

2. Für den Pudding die Vanilleschote längs aufschneiden und das Mark herauskratzen. Schote und Mark in die Milch geben. Die Eier trennen. Eigelbe, restlichen Zucker und Speisestärke in die Milch rühren.

3. Bei schwacher Hitze und unter ständigem Rühren mit dem Schneebesen die Milch erhitzen, bis die Masse dicklich wird (nicht kochen lassen!). Die Butter unterrühren und lauwarm abkühlen lassen.

4. Die Eiweiße mit 1 Prise Salz steif schlagen, unter den Pudding heben und zusammen mit dem Rhabarberkompott servieren.

Für 6 Personen:
600 g gemischte Johannisbeeren (rote, gelbe, schwarze)
400 g Himbeeren
200 g Zucker
2 Päckchen Vanillezucker
1 TL abgeriebene unbehandelte Zitronenschale
1/2 l Weißwein (ersatzweise Apfelsaft oder mit Wasser verdünnter Fruchtsaft)
3 TL Speisestärke
1 EL gehackte Pistazien

Zubereitung: 45 Min.
Pro Portion ca.: 285 kcal

Beerenkaltschale

1. Die Johannisbeeren waschen und von den Rispen streifen. Die Himbeeren verlesen. Die Hälfte der Beeren pürieren und in einem Topf mit Zucker, Vanillezucker und der Zitronenschale vermischen.

2. Vom Wein 3 EL abnehmen und die Speisestärke damit anrühren. Den restlichen Wein zu den pürierten Beeren gießen und zum Kochen bringen. Die angerührte Speisestärke einrühren, einmal aufkochen lassen. Die Masse in eine Glasschüssel gießen und auskühlen lassen.

3. Von den ganzen Beeren einige aufheben, den Rest vorsichtig unter die abgekühlte Beerenmasse mischen. Die Kaltschale mit ganzen Früchten und Pistazien bestreuen.

Tipp

Die Beerenkaltschale mit flüssiger Sahne oder **selbst gemachter Vanillesauce** servieren:
1 Vanilleschote längs aufschneiden, mit 50 g Zucker und 1 Prise Salz in 1/2 l Milch geben und aufkochen lassen. 1 gehäuften TL Speisestärke mit wenig kaltem Wasser anrühren, hinzufügen und unter Rühren einmal aufkochen lassen. Vom Herd nehmen, die Vanilleschote entfernen. 1 Eigelb mit 2 EL Vanillesauce vermischen und unterrühren.

Für 8 Personen:
3 Becher Sahnejoghurt
600 g Erdbeeren
1 EL Cointreau (ersatzweise Erdbeersirup)
5 EL Puderzucker
1 TL abgeriebene unbehandelte Zitronenschale
4 EL Zucker
4 sehr frische Eiweiße

Zubereitung: 45 Min.
Kühlzeit: 5–6 Std.
Pro Portion ca.: 150 kcal

Erdbeer-Eisbombe

1. Den Joghurt in einem feinen Sieb gut abtropfen lassen. 500 g Erdbeeren kurz abbrausen und putzen. 100 g davon klein schneiden, mit dem Likör oder Sirup begießen und abgedeckt beiseite stellen. Die restlichen Erdbeeren mit dem Puderzucker und der Zitronenschale im Mixer pürieren. Mit dem Joghurt vermischen.

2. Den Zucker mit 1 EL Wasser in einem Töpfchen zu einem dicken Sirup kochen. Die Eiweiße steif schlagen, dabei nach und nach den warmen Zuckersirup dazugeben und unter die Erdbeermasse heben. Die marinierten Erdbeerstückchen vorsichtig unterziehen.

3. Die Masse in eine Eisbombenform oder große Schüssel (2 l Inhalt) füllen und 5–6 Std. ins Gefrierfach stellen. Vor dem Servieren die Form in warmes Wasser tauchen und die Eisbombe auf eine Platte stürzen. Mit den zurückbehaltenen Erdbeeren garnieren.

Tipp

Die Eisbombe lässt sich am besten in Stücke schneiden, wenn Sie das Messer vorher in heißes Wasser tauchen.

Für 6 Personen:
150 g Zucker
1 unbehandelte Zitrone
2 sehr frische Eiweiße
Salz
750 g Quark (20 %)
150 g Sahnejoghurt
4–5 reife Pfirsiche
1–2 Stängel frische Minze

Zubereitung: 1 Std.
Pro Portion ca.: 235 kcal

Zitronenquark mit Pfirsichen

1. In einem Topf 150 ml Wasser mit dem Zucker 3 Min. sprudelnd kochen und danach abkühlen lassen. Die Zitrone waschen und abtrocknen, die Schale abreiben und den Saft auspressen. Die Eiweiße mit 1 Prise Salz steif schlagen.

2. In einer Schüssel Quark, Joghurt, 6 EL Zuckersirup, Zitronenschale und 4 EL Zitronensaft verrühren. Den Eischnee unterheben und kalt stellen.

3. Die Pfirsiche kurz überbrühen, die Haut abziehen, entsteinen und in kleine Stückchen schneiden. Mit dem restlichen Zuckersirup und Zitronensaft vermischen. Schichtweise Quark und Pfirsiche in Portionsgläser füllen und mit einigen Pfirsichwürfeln und Minzeblättchen bestreuen.

So schmeckt's auch

Quark mit Fruchtsauce
250 g gemischte Beeren (frisch oder TK) mit 4 EL Zucker und 2 EL Zitronensaft 5 Min. köcheln lassen. Durch ein Sieb streichen, auskühlen lassen und über den Quark gießen. Die Fruchtsauce schmeckt auch zu Pudding, Reisauflauf, Grießflammeri, Kaiserschmarrn oder Quarkkeulchen.

Bayerische Creme mit Erdbeeren

Für 6 Personen:
700 g Erdbeeren
3 EL Orangenlikör (ersatzweise Orangensaft)
6 Blatt weiße Gelatine
1 Vanilleschote
1/4 l Milch
200 g Sahne
4 Eigelbe
100 g Puderzucker
2 EL gehackte Pistazien

Zubereitung: 1 Std.
Pro Portion ca.: 380 kcal

Tipp

Dazu schmecken kleine Kokosmakronen oder Löffelbiskuits

1. Einige schöne Erdbeeren für die Dekoration beiseite legen, den Rest waschen, putzen und pürieren. Den Likör unterrühren und kalt stellen. Die Gelatine in kaltem Wasser einweichen. Die Vanilleschote längs aufschneiden, das Mark herauskratzen. Zur Milch geben und langsam zum Kochen bringen. Die Sahne steif schlagen.

2. Die Eigelbe mit dem Puderzucker schaumig schlagen. Die kochend heiße Milch unter ständigem Rühren zugießen und so lange schlagen, bis die Masse cremig wird. Die Gelatine ausdrücken und unterrühren.

3. Die Creme im kalten Wasserbad kalt rühren. Sobald die Creme zu stocken beginnt, die geschlagene Sahne unterheben.

4. Die Hälfte der Creme in eine Glasschüssel füllen, das Erdbeermus darauf verteilen und mit der restlichen Creme bedecken. Mit den ganzen Erdbeeren garnieren und mit Pistazien bestreuen.

So schmeckt's auch

- Frische Himbeeren pürieren, durch ein Sieb streichen und unterheben.
- Gehackte Nüsse oder Schokoladenraspel unter die Creme mischen.

Mecklenburger Sahnepudding

Für 4 Personen:
4 EL Rum (ersatzweise Orangensaft)
100 g Rosinen
1 l Milch
2 Päckchen Sahnepuddingpulver
4 EL Zucker
2 Eier

Zubereitung: 25 Min.
Pro Portion ca.: 405 kcal

1. Den Rum mit etwas warmem Wasser verdünnen und die Rosinen darin einweichen. Von der Milch 5 EL abnehmen und mit dem Puddingpulver verrühren. Die restliche Milch mit dem Zucker langsam zum Kochen bringen.

2. Die Eier trennen, die Eigelbe unter das angerührte Puddingpulver quirlen. Die Eiweiße steif schlagen. Die Rosinen abtropfen lassen.

3. Sobald die Milch anfängt zu kochen, das Puddingpulver und die Rosinen einrühren. Wenn die Masse dick wird, den Topf vom Herd nehmen und den Eischnee unterheben.

4. Den Pudding in eine Schüssel füllen und leicht abkühlen lassen. Lauwarm schmeckt er am besten.

Tipp

Frische Beeren, Kompott oder Fruchtsauce und Zwieback dazu reichen.

Reisauflauf mit Äpfeln

Für 4 Personen:
1 l Milch
Salz
250 g Rundkornreis (Milchreis)
2 Eier
3 EL Zucker
2 Päckchen Vanillezucker
4 Äpfel (ca. 500 g)
1 EL Zitronensaft
2 EL Puderzucker
2 EL Butter
Butter für die Form

Zubereitung: 1 Std.
Backzeit: 30 Min.
Pro Portion ca.: 595 kcal

1. Die Milch mit 1 Prise Salz zum Kochen bringen. Den Reis dazugeben und zugedeckt bei schwacher Hitze etwa 25 Min. ausquellen lassen. Danach offen auskühlen lassen. Den Backofen auf 200° (Umluft 180°) vorheizen.

2. Eine feuerfeste Form mit etwas Butter ausfetten. Die Eier trennen, Eigelbe mit Zucker und Vanillezucker verrühren und unter den Reis mischen. Die Eiweiße steif schlagen und unterheben.

3. Die Äpfel schälen, das Kerngehäuse ausstechen und in Scheiben schneiden. Abwechselnd Reis und Apfelscheiben in die Form schichten, mit Äpfeln abschließen. Obere Apfelscheiben mit Zitronensaft beträufeln und mit Puderzucker bestreuen.

4. Die Butter in Flöckchen darauf verteilen. Den Reisauflauf im Ofen (Mitte) in 25–30 Min. goldbraun überbacken.

So schmeckt's auch

- Den Auflauf zusätzlich mit Zimtzucker bestreuen.
- Beeren, entsteinte Kirschen, halbierte Pflaumen, Aprikosen- oder Pfirsichspalten unter den Reis mischen.

Apfelküchlein

Für 4 Personen:
200 g Mehl
2 Eier
1/4 l Milch
1/2 TL abgeriebene unbehandelte Zitronenschale
Salz
500 g feste säuerliche Äpfel (z. B. Boskop)
Öl zum Ausbacken
Zimt und Zucker zum Bestreuen

Zubereitung: 30 Min.
Quellzeit: 30 Min.
Pro Portion ca.: 425 kcal

1. Das Mehl in eine Schüssel sieben. Die Eier trennen. Eigelbe, Milch, Zitronenschale und 1 Prise Salz dazugeben und zu einem glatten, zähflüssigen Teig verrühren. Etwa 30 Min. quellen lassen.

2. Die Äpfel schälen, die Kerngehäuse ausstechen und in etwa 1 cm dicke Scheiben schneiden. Das Öl in einem großen Topf (oder einer Fritteuse) erhitzen. Eiweiße steif schlagen und unter den Teig heben.

3. Die Apfelscheiben in den Teig tauchen und nach und nach im heißen Öl knusprig goldbraun ausbacken. Auf Küchenpapier abtropfen lassen, mit Zimt und Zucker bestreuen und sofort servieren.

So schmeckt's auch

Die geschälten Äpfel vierteln, in Scheiben schneiden und gleich unter den Teig mischen. In einer Pfanne Butter zerlassen, jeweils kleine Portionen Teig abnehmen und daraus knusprige Küchlein backen.

Kaiserschmarrn mit Sauerkirschen

Für 4 Personen:
250 g Sauerkirschen
1/8 l Weißwein (ersatzweise Kirschsaft)
125 g Zucker
3 EL Rum (nach Belieben)
4 EL Rosinen
6 Eier
Salz
1 TL abgeriebene unbehandelte Zitronenschale
5 EL Sahne
80 g Mehl
80 g Butter
Puderzucker zum Bestäuben

Zubereitung: 30 Min.
Quellzeit: 30 Min.
Pro Portion ca.: 755 kcal

1. Die Kirschen waschen, Stiele abzupfen und entsteinen. Den Wein mit 75 g Zucker erhitzen, die Kirschen darin einmal kurz aufkochen und dann abkühlen lassen. Den Rum leicht erwärmen, die Rosinen darin einweichen.

2. Die Eier mit 2 Prisen Salz, der Zitronenschale, der Sahne und dem Mehl verquirlen. Den Teig etwa 30 Min. quellen lassen.

3. In einer großen Pfanne 30 g Butter zerlassen. Den Teig dazugeben und bei mittlerer Hitze stocken lassen. Mit zwei Gabeln in grobe Stücke reißen und den Kaiserschmarrn unter Wenden fertig braten.

4. In einem Topf die restliche Butter erhitzen und darin den restlichen Zucker karamellisieren lassen. Kirschen und Rosinen mit Flüssigkeit dazurühren. Zwischen dem Schmarrn verteilen, mit Puderzucker bestäuben und sofort servieren.

So schmeckt's auch

Einfacher Kaiserschmarrn
1/4 l Milch, 160 g Mehl, 3 EL Zucker und 4 Eigelbe verrühren. 4 Eiweiße steif schlagen und unterheben. In heißer Butter backen und mit Rumrosinen bestreuen.

Grießflammeri mit Pflaumenkompott

Für 4 Personen:
1/2 l Milch
Salz
175 g Zucker
60 g Hartweizengrieß
1 Ei
500 g Pflaumen
1/8 l roter Traubensaft (wahlweise Rotwein)
1 langes Stück unbehandelte Zitronenschale
2 Nelken
1 kleine Zimtstange
1/2 TL Zimtpulver

Zubereitung: 45 Min.
Pro Portion ca.: 405 kcal

1. Die Milch mit 1 Prise Salz und 75 g Zucker aufkochen. Den Grieß einrieseln lassen und unter Rühren 5 Min. kochen lassen. Das Ei trennen, das Eigelb unter den Grieß rühren. Das Eiweiß steif schlagen und unterziehen. Den Flammeri in eine flache Schüssel füllen und vollständig auskühlen lassen.

2. Die Pflaumen waschen, entsteinen und mit 80 g Zucker mischen. Den Saft oder Wein mit Zitronenschale, Nelken und Zimtstange aufkochen. Die Pflaumen darin bei schwacher Hitze 5–6 Min. köcheln und lauwarm abkühlen lassen.

3. Vom Grießflammeri mit einem Esslöffel Nocken abstechen. Mit den lauwarmen Pflaumen auf Desserttellern anrichten. Den restlichen Zucker mit dem Zimtpulver mischen und darüber streuen.

Für 4 Personen:
4–5 reife, aromatische Birnen (ca. 1,2 kg)
1 unbehandelte Zitrone
4 Eier
Salz
500 g Quark (20 %)
4 EL Zucker
2 Päckchen Vanillezucker
2 EL Puddingpulver (Vanille oder Sahne)
1 EL Butter
1 EL Mehl

Zubereitung: 30 Min.
Backzeit: 45–50 Min.
Pro Portion ca.: 380 kcal

Birnen-Quark-Auflauf

1. Die Birnen schälen, vierteln, das Kerngehäuse entfernen und in Stücke oder Spalten schneiden. Die Zitrone waschen und abtrocknen, die Schale abreiben und von einer Hälfte den Saft auspressen. Die Birnen mit dem Zitronensaft beträufeln.

2. Die Eier trennen. Die Eigelbe mit 2 Prisen Salz, Zitronenschale, Quark, Zucker, Vanillezucker und Puddingpulver gut verrühren.

3. Den Backofen auf 200° (Umluft 180°) vorheizen. Eine Auflaufform mit der Butter ausfetten und mit dem Mehl ausstäuben.

4. Die Eiweiße steif schlagen und mit den Birnen unter den Quark heben. Die Masse in die Form füllen und im heißen Ofen (unten) 45–50 Min. backen.

Tipp

Dazu schmecken Makronen, Löffelbiskuits oder Zwieback und eine Fruchtsauce.

Für 4 Personen:
Für das Apfelmus:
1 Zimtstange
1 langes Stück unbehandelte Zitronenschale
2 Nelken
100 g Zucker
1 kg Äpfel (auch Fallobst)
Für die Quarkkeulchen:
500 g Magerquark
800 g große Pellkartoffeln vom Vortag (mehlig kochende Sorte)
150 g Mehl, 1 TL Backpulver
1/2 TL Salz
100 g Rosinen
1 TL abgeriebene unbehandelte Zitronenschale
2 Päckchen Vanillezucker
2 Eier
4 EL Butterschmalz
Zimt und Zucker zum Bestreuen
Mehl für die Arbeitsfläche

Zubereitung: 1 Std.
Pro Portion ca.: 740 kcal

Sächsische Quarkkeulchen mit Apfelmus

1. Für das Apfelmus die Zimtstange, Zitronenschale, Nelken und Zucker in 1/4 l Wasser 5 Min. kochen lassen. Die Äpfel waschen und vierteln, Blütenansatz und Stiel herausschneiden und 10 Min. in dem Gewürzsud kochen. Noch heiß durch die flotte Lotte drehen oder durch ein feines Sieb passieren.

2. Den Quark in einem feinen Sieb gut abtropfen lassen. Die Kartoffeln pellen und fein in eine Schüssel reiben oder durch die Presse drücken. Das Mehl, Backpulver, Salz, Rosinen, Zitronenschale und Vanillezucker dazugeben. Die Eier verschlagen und mit dem Quark unter den Kartoffelteig mengen (nicht zu lange rühren, sonst wird die Masse zäh!).

3. Die Arbeitsfläche mit Mehl bestreuen und den Teig zu einer 6–8 cm dicken Rolle formen. In etwa 1,5 cm dicke Scheiben (Keulchen) schneiden und etwas flach drücken.

4. In einer großen Pfanne jeweils Butterschmalz erhitzen, die Keulchen von jeder Seite 4 Min. goldbraun braten. Mit Zimtzucker bestreuen und mit dem Apfelmus servieren.

Zwetschgenknödel

Für 4 Personen (12 Knödel):
250 g Magerquark
130 g weiche Butter
abgeriebene Schale von
1 unbehandelten Zitrone
1 Ei
180 g Mehl
Salz
12 reife mittelgroße Zwetschgen
12 Würfelzucker
3 Zwiebäcke
Zum Bestreuen: Puderzucker oder Zimt und Zucker

Zubereitung: 55 Min.
Kühlzeit: 1 Std.
Pro Portion ca.: 565 kcal

Tipps

Ist der Teig zu weich, noch etwas Mehl dazugeben. Scheint er zu fest, etwas mehr Butter untermengen. Um sicher zu gehen, dass die Knödel zusammenhalten, einen Probeknödel garen. Anstelle von Zwetschgen können Sie z. B. auch große Erdbeeren, entsteinte fleischige Kirschen oder Aprikosen in den Teig hüllen.

1. Den Quark in einem feinen Sieb gut abtropfen lassen. Mit 60 g Butter, der Zitronenschale, dem Ei, Mehl und 2 Prisen Salz zu einem glatten, weichen Teig verarbeiten. Für etwa 1 Std. abgedeckt in den Kühlschrank stellen.

2. Inzwischen die Zwetschgen waschen, halb aufschneiden und den Kern entfernen. In jede Frucht 1 Stück Würfelzucker legen und gut zusammendrücken.

3. In einem großen, breiten Topf reichlich Salzwasser zum Kochen bringen.

4. Den Quarkteig in 12 Portionen teilen. Jede Zwetschge mit Teig umhüllen und zu einem schönen, kleinen Knödel drehen. Nebeneinander in das siedende Wasser einlegen und darin 15 Min. gar ziehen lassen.

5. Die Zwiebäcke reiben. Die restliche Butter in einer Pfanne zerlassen, die Zwiebackbrösel darin leicht anrösten.

6. Die Zwetschgenknödel mit einem Schaumlöffel aus dem Wasser heben, gut abtropfen lassen und in den Butterbröseln wälzen. Mit Zucker bestreuen und sofort servieren.

Varianten

Zwetschgenknödel aus Kartoffelteig
400 g Kartoffeln kochen, pellen und sofort durch die Presse drücken. Abkühlen lassen und mit 25 g Grieß, 100 g Mehl, 2 EL Butter, 1 Eigelb und 2 Prisen Salz vermengen. Kurz ruhen lassen und die vorbereiteten Zwetschgen (oder anderes Obst) in den Teig drücken. Kleine Knödel formen und wie beschrieben weiter zubereiten.
Noch schneller geht es mit Kartoffelteig aus fertigen Kartoffelflocken (Püree).

Aprikosenknödel
8 reife Aprikosen halbieren und entsteinen. Etwa 50 g Marzipan zu 8 kleinen Kugeln formen und die Aprikosen damit füllen. Aus 120 g Mehl, 1 Eigelb, 1/8 l Weißwein (oder Mineralwasser), 1 EL Öl und 1 Prise Salz einen Teig rühren. 1 Eiweiß mit 1 EL Zucker steif schlagen und unterheben. Öl oder Butterschmalz zum Frittieren erhitzen. Die Aprikosen in den Teig tauchen und darin etwa 5 Min. schwimmend ausbacken. Herausnehmen, abtropfen lassen und mit Puderzucker bestäuben.

Apfelpfanne mit Sahneguss

Für 1 große Bratpfanne oder Springform (28 cm Ø), für 6 Personen:
1 unbehandelte Zitrone
1 kg Äpfel (z. B. Boskop, Idared)
250 g Butter
250 g Puderzucker
1 Päckchen Vanillezucker
1/2 TL Zimtpulver, Salz
200 g Semmelbrösel
200 g gemahlene Haselnüsse
150 g gemahlene Mandeln
5 EL Mehl
6 Eier
200 g Sahne
5 EL Zucker
Butter und Semmelbrösel für die Form

Vorbereitung: 20 Min.
Backzeit: etwa 1 Std. 15 Min.
Pro Portion ca.: 1275 kcal

1. Die Zitrone waschen und abtrocknen, die Schale abreiben und den Saft auspressen. Die Äpfel vierteln, schälen, das Kerngehäuse entfernen und in Spalten schneiden. Sofort mit dem Zitronensaft beträufeln. Den Backofen auf 180° (Umluft 160°) vorheizen.

2. Die Butter schmelzen lassen und mit Puderzucker, Vanillezucker, Zimt, Zitronenschale und 1 Prise Salz verrühren. Semmelbrösel, Nüsse, Mandeln und 3 EL Mehl vermengen. Diese Mischung und 4 Eier nach und nach unter die Buttermasse rühren.

3. Die Pfanne oder Form ausfetten, mit Bröseln ausstreuen, die Masse einfüllen und die Äpfel dachziegelartig darauf legen. Im Ofen (Mitte) 25–30 Min. vorbacken.

4. Die restlichen Eier mit dem Mehl, der Sahne und dem Zucker verquirlen und über den Kuchen gießen. In 45–50 Min. fertig backen.

So schmeckt's auch

Schnelle Bratäpfel
Von 4 Äpfeln (z. B. Boskop) das Kerngehäuse ausstechen und die Höhlung mit Rosinen und Walnüssen füllen. 4 große Stücke Alufolie mit Butter bestreichen, die Äpfel darin einwickeln und im vorgeheizten Ofen bei 250° 25 Min. garen. Dazu schmeckt Vanillesauce (Seite 114, Tipp).

Schokoladenkuchen

Für 1 Springform (24 cm Ø), ergibt 12 Stücke:
300 g Halbbitterkuvertüre
250 g weiche Butter
4 Eier
200 g Zucker
100 g gemahlene Mandeln
1 TL Kakaopulver
2 TL Puderzucker
200 g Sahne
Butter und Zucker für die Form

Zubereitung: 45 Min.
Backzeit: 45–50 Min.
Pro Stück ca.: 485 kcal

1. Die Kuvertüre grob hacken und im heißen Wasserbad schmelzen. Leicht abkühlen lassen und die Butter unterrühren.

2. Die Eier trennen, die Eigelbe mit der Hälfte des Zuckers cremig rühren und unter die Kuvertüre mischen.

3. Die Eiweiße sehr steif schlagen, dabei nach und nach den restlichen Zucker zugeben. Erst die Hälfte des Eischnees und die Mandeln unter die Schokoladenmasse rühren, dann den restlichen Eischnee unterheben.

4. Den Backofen auf 170° (Umluft ist ungünstig) vorheizen. Die Form mit etwas Butter ausfetten und dünn mit Zucker ausstreuen.

5. Die Teigmasse in die Form füllen und glatt streichen. Im Ofen (Mitte) 45–50 Min. backen. Zuerst noch 20 Min. im ausgeschalteten Ofen, danach auf einem Kuchengitter auskühlen lassen.

6. Den Kakao mit 1 TL Puderzucker mischen und den Kuchen damit bestäuben. Die Sahne mit dem restlichen Puderzucker steif schlagen und dazu reichen.

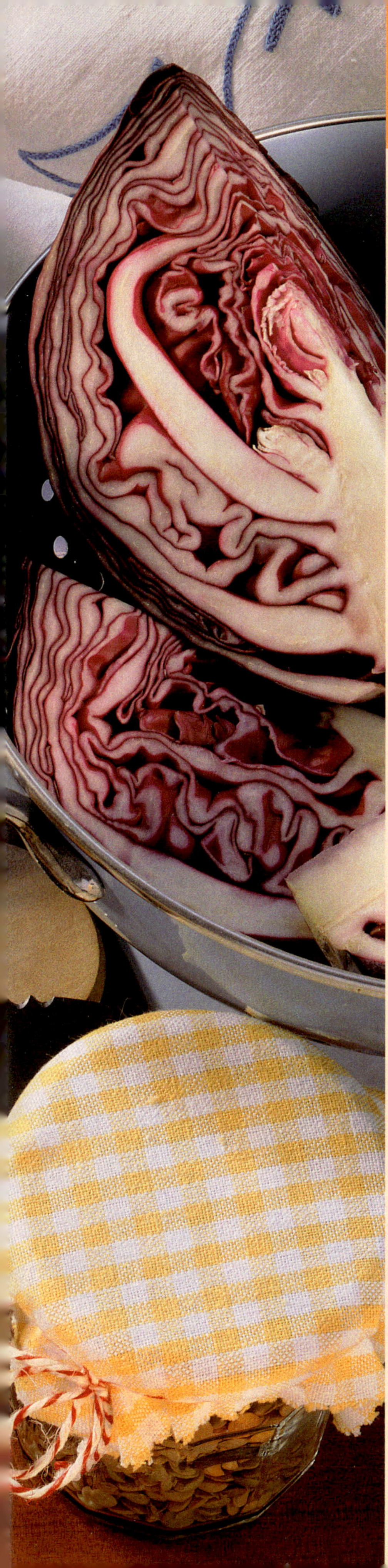

Rund um den Vorrat

Nach alter Tradition

In der echten Hausmannskost stecken Erfahrung, Geschmack und die Kochkunst vieler Generationen. Sie ist kräftig, schnörkellos und geradeheraus – und immer wieder heiß begehrt! Dazu gehören natürlich auch die Tipps und Kniffe unserer Großmütter zur Haltbarmachung von Lebensmitteln und die Vorratshaltung für das ganze Jahr. Geben Sie das, was Ihnen zusagt und am besten schmeckt, an Ihre Kinder und Kindeskinder weiter, denn dieses uralte Wissen sollte nicht verloren gehen …

Süße Vorratswirtschaft

Marmeladen, Konfitüren & Gelees

Sicher gibt es heutzutage eine Vielzahl leckerer Marmeladen, Konfitüren und Gelees zu kaufen. Nach wie vor bei jedermann beliebt und unbezahlbar sind jedoch selbst eingekochte Erdbeer- oder Aprikosenmarmelade, würziges Pflaumenmus oder feines Quittengelee. Und wenn Sie dazu die Gläser oder Flaschen mit hübschen Etiketten versehen und beschriften, haben Sie immer ein begehrtes Geschenk oder Mitbringsel für Ihre Freunde oder Verwandten zur Hand.
Während der jeweiligen Saison gibt es Obst in größeren Mengen günstig zu kaufen, und wer einen Garten hat, fühlt sich von seinem Obst sowieso in die Pflicht genommen. Was liegt also näher, als sich einen süßen Vorrat zuzulegen und sich und seine Lieben mit Eigenkreationen fürs Frühstücksbrötchen zu verwöhnen. Mit den folgenden Rezepten und Tipps geht das ganz einfach.

Einfache Erdbeermarmelade
2 kg Erdbeeren waschen, abtropfen lassen, putzen und vierteln. In einen Topf geben und einen Teil leicht zerdrücken. Mit 2 kg Gelierzucker (1:1) mischen und abgedeckt Saft ziehen lassen. Mit 6 EL Zitronensaft unter Rühren aufkochen und 4 Min. sprudelnd kochen lassen. Sofort randvoll in heiße saubere Twist-off-Gläser füllen und fest verschließen. Für 5 Min. auf den Kopf stellen, umdrehen und auskühlen lassen.

Aprikosenmarmelade mit Zitronenmelisse (siehe Foto)
1,5 kg reife Aprikosen waschen, entsteinen und grob zerkleinern. 1,5 kg Gelierzucker (1:1) untermischen, abgedeckt 24 Std. stehen lassen. Unter Rühren 4 Min. sprudelnd kochen lassen. 3–4 Stängel Zitronenmelisse waschen, die Blättchen in feine Streifen schneiden. Unter die heiße Konfitüre mischen, in vorbereitete Gläser füllen und sofort verschließen.

Einkochtipps

- Nur frisches, reifes und einwandfreies Obst verarbeiten, Faul- und Druckstellen großzügig herausschneiden.
- Die verwendeten Töpfe, Schüsseln, Rührlöffel und Siebe müssen absolut sauber und fettfrei sein.
- Die Gläser dürfen nicht beschädigt sein, Gummiringe keine Risse aufweisen. Ideal sind Twist-off-Gläser mit Schraubdeckel.
- Das Verhältnis von Zucker und Früchten muss genau abgewogen werden. Außerdem unbedingt an die vorgegebene Kochanweisung halten!
- Immer eine Gelierprobe machen: Einen TL voll auf einen kalten Teller geben. Wenn die Konfitüre nicht in 1 Min. fest ist, noch 1 Min. länger kochen lassen.
- Gefüllte und verschlossene Gläser und Flaschen kühl, trocken und möglichst dunkel aufbewahren.
- Bei Schimmelbildung im Glas lieber den Inhalt komplett wegschütten, als nur oberflächlich abkratzen. Viele Schimmelarten sind gesundheitsschädigend!

Himbeerkonfitüre mit schwarzen Johannisbeeren
500 g Himbeeren verlesen, nach und nach durch ein Sieb streichen und mit 750 g Gelierzucker (1:1) vermischen. 250 g schwarze Johannisbeeren gut waschen, von den Rispen streifen und unter das Himbeerpüree mischen. Abgedeckt 1 Std. stehen lassen. Unter Rühren zum Kochen bringen, genau 4 Min. sprudelnd kochen lassen und sofort in heiße, saubere Gläser füllen.

Quittengelee (siehe Foto)
1,5 kg reife Quitten waschen und mit einem kräftigen Messer zerteilen. Die Quittenstücke (mit den Kerngehäusen), 1/2 l Wasser, 1 Flasche Weißwein (0,75 l), 2 Sternanis, 1 Zimtstange, 3 Nelken und 1 langes Stück unbehandelte Zitronenschale in einem Topf 45 Min. kochen lassen. Ein großes Mulltuch über eine Schüssel legen, die Quitten hineinschütten. Das Tuch mit einer Schnur zusammenbinden und den Sack so aufhängen, dass der Saft über Nacht in die Schüssel abtropfen kann. Den Saft (etwa 1 l) mit 1 kg Zucker und 6 EL Zitronensaft 45 Min. köcheln lassen, zwischendurch den Schaum abschöpfen. Sofort randvoll in vorbereitete Gläser füllen und verschließen. Das Gelee schmeckt nach 1–2 Jahren am allerbesten!

Holunderblütengelee
Von 8–10 voll aufgeblühten Dolden die dicken Stiele abschneiden (1 Dolde aufheben). Die Blüten mit 1 l Natur-Apfelsaft (ohne Zuckerzusatz) in ein Gefäß geben und 24 Std. durchziehen lassen. Die Flüssigkeit durch ein Sieb abgießen und mit Gelierzucker 1:1 mischen. Nach Packungsanweisung 4 Min. kochen lassen. Von der zurückgelegten Dolde kleine Blüten abzupfen, unterrühren, in vorbereitete Gläser füllen und verschließen.

Pflaumenmus
3,5 kg reife Pflaumen oder Zwetschgen waschen, entsteinen und in Stücke schneiden. Mit 500 g Zucker und je 1 TL Nelken- und Zimtpulver in einen Edelstahltopf geben. 2 EL Essig darüber verteilen, abgedeckt 24 Std. stehen lassen. Bei sehr schwacher Hitze 3–4 Std. ohne Umrühren köcheln lassen. In Gläser oder Töpfchen füllen.
So geht's auch: Um sicherzugehen, dass das Mus nicht anbrennt, können Sie es auch im Backofen einkochen. 2 kg Pflaumenstücke und die Gewürze in einem Topf auf dem Herd langsam im eigenen Saft garen. 150 g Zucker einrühren und in eine flache Auflaufform umfüllen. Im Ofen bei 150° (Mitte, Umluft 130°) 30 Min. einkochen lassen, nicht umrühren. Weitere 150 g Zucker unterrühren, 30 Min. schmoren lassen. Nochmals 100 g Zucker unterrühren und das Mus so lange im Ofen lassen, bis es dunkel und dick ist.

Rumtopf
Um auch im Winter Sommerfrüchte zu genießen, haben schon unsere Altvorderen Obst in Alkohol konserviert. Es gibt dafür spezielle Rumtöpfe aus lasiertem Steingut, aber auch Gefäße aus Porzellan oder Glas sind geeignet. Alle Früchte sollten aromatisch, vollreif und unbeschädigt sein. Bevor sie in den Alkohol gelegt werden, sehr gut waschen, mit Küchenpapier abtrocknen und putzen. Verwenden Sie keinen künstlichen Rum wie Strohrum!

Erster Ansatz im Juni: 500 g reife Erdbeeren abbrausen, trockentupfen und entkelchen. Mit 250–500 g feinstem Kristallzucker bestreuen, im Kühlschrank 1 Std. Saft ziehen lassen. In das Gefäß geben und mit 0,7 l Rum (mind. 54 %) begießen. Zudecken, dunkel und kühl stellen.

Nachfolgend: jeweils 500 g Früchte mit 250–400 g Zucker Saft ziehen lassen. In den Topf geben und so viel Rum nachfüllen, dass er zwei Fingerbreit über den Früchten steht.
Juli/August: Süß- und Sauerkirschen (nur die Stiele entfernen), Stachelbeeren (mehrfach einstechen), schwarze Johannisbeeren (von den Rispen zupfen), Aprikosen, weißfleischige Pfirsiche und Mirabellen (halbieren und entsteinen).
September/Oktober: aromatische Birnen und Äpfel (schälen, Kerngehäuse entfernen und vierteln, Äpfel eventuell blanchieren), weiße kernlose Trauben, Zwetschgen (halbieren und den Stein entfernen).
Abschließend: 1 Monat nachdem die letzten Früchte eingelegt wurden, noch 1/2 Flasche Rum nachgießen und 1 Woche durchziehen lassen.
Was noch im Rumtopf schmeckt: frische Ananasstückchen, Bananenscheiben, Apfelsinenspalten, Netz- oder Honigmelonenkugeln.

Ungeeignete Früchte: Rhabarber, Himbeeren, Heidelbeeren, Preiselbeeren, weiße und rote Johannisbeeren, Brombeeren.
Hilfe, es schimmelt und gärt: Ein Rumtopf muss regelmäßig kontrolliert werden. An der Oberfläche schwimmende Früchte können leicht schimmeln. Sofort entfernen, den Topf rütteln oder alles mit einem Edelstahllöffel (keinem Holzlöffel!) umrühren, evtl. Rum nachgießen.
Ursachen: Die Früchte waren nicht einwandfrei oder zu wasserhaltig. Beginnt es im Topf zu gären, d. h. es steigen kleine Bläschen auf, stand der Rumtopf entweder zu warm oder der Rum war nicht hochprozentig genug. Da hilft nur noch eins: Alles aufkochen und schnell verbrauchen. Der gute Geschmack ist leider dahin.
Verwendung: Rumtopf schmeckt pur oder gemischt mit anderen Früchten im Kompott oder Obstsalat. Lecker auch zu Quark- und Reisspeisen, mit Pudding, Joghurt und im Eisbecher.

Pikante Vorratswirtschaft

Essig & Öl
Jeder Apfel- oder Weinessig und jedes Öl bekommt durch den Zusatz von frischen Kräutern ein spezielles Aroma. Dies wiederum verleiht Salaten, Saucen, Suppen und Eintöpfen, Fleisch- und Fischgerichten einen besonderen Geschmack und gibt dem Gericht oft noch den letzten Pfiff! Es macht wenig Mühe und ist außerdem billiger als im Laden.

Himbeeressig (siehe Foto)
300 g frische Himbeeren verlesen. Nur ganz einwandfreie Beeren in ein hohes sauberes Glasgefäß oder eine Flasche füllen. Mit 0,75 l mildem Weißweinessig begießen und verschließen. Bei Zimmertemperatur (ideal auf einer sonnigen Fensterbank) etwa 10 Tage durchziehen lassen, dabei gelegentlich kurz schütteln. Hat der Essig eine zartrosa Farbe angenommen, durch ein feines Sieb oder Küchentuch filtern und in eine vorbereitete Flasche füllen. Den Essig dunkel aufbewahren.

Zitronenessig
Von 1 unbehandelten Zitrone die Schale hauchdünn (ohne die bittere weiße Haut) abschälen, den Saft auspressen und beides in eine Flasche füllen. 1/4 l guten Wein oder Apfelessig zugießen und 5–6 frische Zitronenmelisseblätter oder das untere weiche Drittel eines Zitronengrasstängels (etwas weich klopfen) dazugeben. Die Flasche verschließen und kühl gestellt 3–4 Wochen durchziehen lassen. Passt gut zu Salaten und Fischgerichten.

Leichter Kräuteressig
Jeweils 1–2 Stängel Estragon, Basilikum, Thymian und Zitronenmelisse waschen, trockenschütteln und in eine große saubere Flasche schieben. Mit 0,75 l sehr gutem Weißweinessig begießen und mindestens 3 Wochen durchziehen lassen. Den Essig filtrieren und in kleine Flaschen füllen. Nach Belieben jeweils einen Zweig der verwendeten Kräuter als Dekoration mit in die Flasche geben.

Der Kräuteressig schmeckt sehr fein in Salaten, Remouladensauce oder Fischgerichten.
Tipp: Genauso können Sie den Essig natürlich auch nur mit Estragon oder Basilikum ansetzen.

Kräftiger Kräuteressig
Jeweils 1–2 Stängel Rosmarin, Oregano und Salbei waschen, trockenschütteln und in eine Flasche geben. Je 2 geschälte Knoblauchzehen und Schalotten, 1 getrocknete Chilischote, 2 Lorbeerblätter, je 6 Nelken und Pfefferkörner und 1 langes Stück unbehandelte Zitronenschale dazugeben. Mit Rotweinessig aufgießen und 3–4 Wochen durchziehen lassen. Passt besonders gut zu Wildgerichten und dunklen Saucen.

Kräuteröl (siehe Foto)
wird ähnlich wie Kräuteressig angesetzt: Auf die dort angegebenen Zutaten 1 l bestes Olivenöl gießen. Die verschlossene Flasche an einem kühlen, trockenen und dunklen Ort 3 Wochen durchziehen lassen. Schmeckt fein in Salatsaucen und Marinaden und kann zum Braten und Bestreichen von gegrilltem Fleisch, Huhn, Fisch oder Gemüse verwendet werden.
Tipps: Auf gleiche Weise können Sie reines Basilikum-, Salbei-, Rosmarin- oder Thymianöl herstellen. Wichtig: Stets etwas Öl nachgießen, damit die Kräuter immer bedeckt sind.

Chiliöl (siehe Foto)
6–8 frische (oder auch getrocknete) Chilischoten und 1 EL grüne Pfefferkörner in eine Flasche geben und mit 0,5 l gutem Sonnenblumenöl auffüllen. Mindestens 2 Wochen durchziehen lassen, zwischendurch schütteln und auch probieren, ob das Öl die gewünschte Schärfe erreicht hat. Sparsam für Nudel- und Reisgerichte oder zum Grillen verwenden.

Chutneys & Eingelegtes

Chutneys, die süß-scharfen Würzmarmeladen, lassen sich ganz leicht aus Früchten und Gemüse, Kräutern und Gewürzen herstellen. Ebenso wie eingelegtes Gemüse schmecken sie zu Fondues, Wild, Fleisch- und Fischgerichten, zu Gegrilltem, Reis oder zur kalten Brotzeit.

Kürbis-Apfel-Chutney (siehe Foto)
Je 600 g Kürbis und mürbe Äpfel schälen, putzen und grob würfeln. 2–3 Zwiebeln schälen, klein würfeln und in 2 EL Öl andünsten. Kürbis und Äpfel, je 1 Stück geschälten und gehackten Ingwer und unbehandelte Zitronenschale, 1 Zimtstange, 1 TL Korianderpulver, 1/2 TL Salz, 2 EL Essig und 180 g Zucker dazugeben. Offen bei schwacher Hitze 35 Min. köcheln lassen, zwischendurch umrühren und heiß in vorbereitete Twist-off-Gläser füllen.

Tomaten-Chutney
1,5 kg Tomaten kurz überbrühen, häuten und vierteln. 100 g getrocknete Aprikosen klein schneiden. Je 4 Zwiebeln und Knoblauchzehen schälen und klein würfeln. 2 Äpfel schälen, Kerngehäuse entfernen und achteln. Zwiebeln und Knoblauch in 4 EL Öl glasig andünsten. Tomaten, Aprikosen, Äpfel, je 1/4 l Wasser und Weinessig, 1/8 l Weißwein, 200 g Zucker, 1 TL getrockneten Oregano, 4 Gewürznelken, Salz und Pfeffer dazugeben. Gut 1 Std. unter gelegentlichem Rühren bei schwacher Hitze köcheln lassen. Heiß in Twist-off-Gläser füllen. Kühl gelagert hält es sich gut 6 Monate.

Eingelegte Zucchini (siehe Foto)
2 kg Zucchini waschen und in Stücke schneiden. 3–4 Zwiebeln schälen, in dünne Scheiben schneiden. 5 Knoblauchzehen schälen. Alles in einer Schüssel mit 3 EL Salz vermischen, 12 Std. abgedeckt ziehen lassen. Die Flüssigkeit durch ein Sieb in einen Topf gießen, mit 400 g Zucker, 1/2 l Weinessig, 1–2 Chilischoten, 2 TL Senfkörnern, je 1 TL Pfeffer, Curry oder Kurkuma und 1/2 TL Nelkenpulver 5–6 Min. kochen lassen. Zucchini in Gläser füllen, mit dem heißen Sud begießen und verschließen. Mindestens 1 Woche durchziehen lassen.

Pikanter Knoblauch
500 g große Knoblauchzehen schälen und mit je 1/2 l Wasser und Kräuteressig, 50 g braunem Zucker, je 1 TL Salz, Koriander-, Senf- und Pfefferkörnern, 4 Pimentkörnern und 2 Lorbeerblättern 3 Min. sprudelnd kochen. Abkühlen lassen und nach 12 Std. noch einmal 3 Min. kochen lassen. Abgekühlt in saubere Twist-off-Gläser füllen. Jeweils 1 Zweiglein frischen Thymian, Rosmarin und Estragon dazwischen stecken. Mit einem dünnen Ölfilm bedecken, verschließen und kühl stellen. Hält etwa 3–4 Monate.

Senfgurken
3 kg dicke, feste Gurken schälen, längs halbieren und mit einem Löffel die Kerne auskratzen. Die Gurken in fingerdicke Streifen schneiden, mit 100 g Salz bestreuen und einige Dilldolden dazwischen legen. Zugedeckt 12 Std. durchziehen lassen.
1 l Weißweinessig mit 250 g Zucker aufkochen und abkühlen lassen. 1 frische Ingwerwurzel und 1/2 Stange Meerrettich waschen und ungeschält in dünne Scheiben schneiden. Die Gurken abtropfen lassen, mit 100 g Senfkörnern, 4 Lorbeerblättern, den Dilldolden, Ingwer und Meerrettich in ein großes Glas (oder einen Steinguttopf) schichten. Mit dem Essigsud begießen, verschließen und 24 Std. durchziehen lassen.
Den Sud durch ein Sieb in einen Topf abgießen, nochmals aufkochen und wieder kalt werden lassen. Erneut über die Gurken gießen und das Gefäß fest verschließen. Die Gurken halten sich so einige Monate.

Praktische Vorratswirtschaft

Getrocknet & gedörrt

Ein Griff in die Vorratsdose und selbst gesuchte und getrocknete Pilze geben einem Gulasch, einem Braten oder einer Pilzsauce die besondere Würze. Im Sommer geerntete und getrocknete Kräuter geben vielen Gerichten den Winter über das nötige Aroma. Und wer nascht oder ergänzt sein Müsli nicht gern mit getrockneten Apfelringen, Birnen oder Zwetschgen?
Diese natürliche Art der Haltbarmachung kannte man schon in grauer Vorzeit, denn durch das Trocknen durch Luft und Wärme wird dem Obst oder Gemüse auf schonende Weise das Wasser entzogen. Am einfachsten und natürlichsten geht das natürlich mit Hilfe der Sonne – auf gazebespannten Holzrahmen, auf Tüchern oder Papier ausgebreitet. Da unsere Sommer uns nicht immer die nötigen heißen Sonnentage bescheren, können Sie Ihren Vorrat an getrocknetem Obst und Gemüse auch im Backofen – am besten bei Umluft und auf dem Blech oder Gitterrost – trocknen.

Getrocknete Pilze

Von 1 kg frischen, geputzten Pilzen bleiben nach dem Trocknen gerade mal 100 g übrig. Doch nach dem Feuchtigkeitsentzug werden sie besonders aromatisch. Zum Trocknen geeignet sind alle festfleischigen Röhrlinge wie Steinpilze, Maronen und Rotkappen. Sehr würzig schmecken Herbsttrompeten, Morcheln, Ritterlinge oder Habichtspilze. Für das Trocknen vorgesehene Pilze gründlich putzen, aber nicht waschen und längs in ca. 3–4 mm dicke Scheiben schneiden. Nebeneinander auf luftdurchlässige oder wasseraufsaugende Unterlagen legen oder zum Aufhängen auf dünne Schnüre fädeln. Schneller trocknen sie im Backofen, dabei sollte die Temperatur nicht höher als 70° sein und die Tür durch einen Holzlöffel spaltbreit geöffnet bleiben. Restlos getrocknete Pilze müssen knackend brechen und werden in luftdicht schließenden Dosen oder Gläsern aufbewahrt. Vor der Verwendung mindestens 30 Min. in warmem Wasser einweichen und das Einweichwasser immer mitverwenden, denn darin sind das feine Aroma und die Würzstoffe enthalten.

Getrocknete Küchenkräuter

Hier eignen sich nur Kräuter mit kräftigem Aroma, z. B. Bohnenkraut, Majoran, Minze, Oregano, Rosmarin, Salbei, Thymian oder Zitronenmelisse. Die Kräuter in einer Richtung zu Bündeln legen, mit Bindfaden zusammenbinden und an einem schattigen, aber warmen und luftigen Platz kopfüber aufhängen. Sind die Kräuter nach 2–3 Wochen durchgetrocknet, die Blätter abstreifen und in luftdichten, möglichst braunen Gläsern aufbewahren. Von Dill, Fenchel, Koriander und Kreuzkümmel trocknet man besser nur die Samen. Dafür die Kräuter aufhängen und Papier unterlegen, damit die Samenkörner aufgefangen werden. Getrocknete Kräuter haben ein intensives Aroma, beim Würzen also sehr sparsam verwenden.

Gedörrtes Obst

Früchte lassen sich ganz leicht trocknen, da sie genügend Fruchtzucker und -säure enthalten. Dafür nur einwandfreies reifes Obst verwenden. Wird im Backofen getrocknet, die Tür immer einen Spaltbreit offen lassen.

Apfelringe: Die Äpfel nach Belieben schälen, mit dem Apfelausstecher das Kerngehäuse entfernen und in 1/2 cm dicke Scheiben schneiden. In leicht gesalzenes Wasser legen, bis alle Äpfel geschnitten sind. Auf Küchenpapier abtropfen lassen und nicht zu eng auf eine Schnur oder einen Stab ziehen. An einem luftigen Ort trocknen lassen oder im Backofen bei 50°–60° 10–12 Std. dörren.
Birnen (Kletzen): Früchte schälen, entkernen und in Scheiben oder Spalten schneiden. Im Backofen 10–12 Std. bei 50–60° trocknen lassen.
Aprikosen, Zwetschgen: Früchte waschen, halbieren, entsteinen und mit der Schnittfläche nach oben (so kann kein Saft austreten) auf dem Blech im Ofen langsam trocknen lassen. Sollen sie im Ganzen getrocknet werden, auf dem Rost zuerst bei 50° dörren, beginnen sie zu schrumpeln, bei 70° fertig dörren.
Kirschen, Beeren: Obst waschen, zuerst in der Sonne vor-, dann im Backofen fertig trocknen.

Getrocknetes Gemüse
Gemüse selbst zu trocknen, wird heute seltener praktiziert. Auch eignen sich hier nur wenige Sorten, z. B. weiße und dicke Bohnen, Erbsen, Knoblauch und Zwiebeln. Auch Tomaten können in der Sonne oder im Backofen bei 50° und Umluft getrocknet werden.
Bohnen, Erbsen: Die Hülsenfrüchte aus den Schoten pulen, kurz blanchieren und so lange trocknen lassen, bis sie hart und knackig sind.
Knoblauch, Zwiebeln: Knoblauchknollen auffädeln, die Zwiebeln zu einem Zopf flechten und an einem schattigen, warmen Platz aufhängen.
Tomaten: Kleine, festfleischige Tomaten waschen und halbieren. Da bei uns meist die richtig heiße Sonne fehlt, die Tomaten besser auf einem Blech im Backofen trocknen lassen.

Einfrieren
Jeder kennt und schätzt die Vorzüge des Einfrierens. Obst, Gemüse, Fisch, Fleisch, Butter, Brot, Kräuter, Pilze, Suppen, Brühe oder die Reste vom Sonntagsessen können so monatelang im Kälteschlaf auf ihren Einsatz warten. Wichtig: Das Gefriergut in geeigneten Beuteln oder Dosen und bei Dauertemperaturen zwischen –18° bis –22° aufbewahren.

Einige Beispiele:
Rhabarber – die Stangen putzen, evtl. die Haut abziehen. In 3–4 cm lange Stücke schneiden, in Gefrierbeutel füllen und einfrieren.
Lagerzeit: 9–12 Monate.
Sauerkirschen – können mit oder ohne Stein eingefroren werden. Waschen, entstielen, auf einem Tablett ausbreiten und 3–4 Std. vorgefrieren. Portionsweise abpacken und einfrieren.
Lagerzeit: 1 Jahr
Spargel – immer waschen und schälen (auch Bruchspargel), portionsweise in Gefrierbeutel packen. Lagerzeit: 1 Jahr.
Paprikaschoten – putzen, waschen und in Streifen oder Stücke schneiden. Portionsweise in Gefrierbeutel verpacken und einfrieren.
Lagerzeit: 10–12 Monate.
Wirsing – ganze Blätter (z. B. für Krautwickel) ablösen, den Rest in Streifen schneiden. In Salzwasser blanchieren, in Eiswasser abschrecken und abtropfen lassen. Die Blätter flach übereinander einfrieren, den Rest portionsweise einfrieren.
Lagerzeit: 3–4 Monate.
Kräuter – bei Petersilie, Kerbel, Dill, Schnittlauch und Liebstöckel gibt es zwei Möglichkeiten: Entweder frisch im Ganzen in Alufolie wickeln und einfrieren oder hacken, in die Fächer eines Eiswürfelbehälters füllen, mit Wasser bedecken und so einfrieren.
Lagerzeit: 6 Monate.

Tipps zum Einfrieren

- Keine Luft mit einfrieren, also Dosen immer randvoll füllen, bei Beuteln die Luft herausdrücken oder absaugen.
- Portionsweise einfrieren und alles mit Inhaltsangabe und Datum beschriften.
- Kleinere Lebensmittel, z. B. Beeren, Zwetschgen, kleine Buletten zuerst auf einem Tablett ausgebreitet vorgefrieren. Danach in Gefrierbeutel füllen und richtig einfrieren. So klebt nichts zusammen und hilft außerdem Platz sparen.
- Einige Obst- und Gemüsesorten können sofort roh und vorgefroren eingefroren werden, andere müssen zuvor blanchiert werden (siehe oben).
- Bei kurzfristigem Stromausfall die Tür des Gefrierschranks geschlossen halten, innerhalb von 24 Std. verdirbt nichts.
- Nicht zum Einfrieren geeignet sind Äpfel, Birnen, Melonen, Weintrauben, Blattsalate, Radieschen, Rettiche, Joghurt, Frischmilch, Sauermilch, Käse, Eier, Mayonnaisen, rohe Gurken und Kartoffeln, gekochte Teigwaren, Sülze und mit Gelatine zubereitete Desserts und Torten.
- Beim Auftauen Obst nur eben antauen lassen, dann sofort verbrauchen. Gemüse gefroren in den Kochtopf geben. Fleisch, Fisch und Geflügel aus der Verpackung nehmen und langsam im Kühlschrank auftauen lassen. Das Abtropfwasser immer wegschütten (Salmonellengefahr!).

Praktisches für die Alltagsküche

Fertigprodukte

Aus rein praktischen Erwägungen, aus Zeit- oder auch Geldgründen werden oft und gerne Fertigprodukte verwendet. Es gibt sie in jedem Supermarkt in Dosen, Tüten, Beuteln und Flaschen und so einiges davon sollten Sie immer griffbereit haben: Fertigsaucen und -suppen, die nur noch mit Wasser angerührt werden müssen; Fonds aus Gemüse, Fisch, Fleisch, Geflügel und Wild (sind zwar etwas teurer, verfeinern aber viele Gerichte); Feinwürzmittel und Universalgeschmacksverstärker, z. B. Fondor, die man anstatt Salz einsetzen kann; Braten- und Bouillonfonds, Brühpaste und Brühwürfel; Dressings, Salatsaucen und Puddingpulver – sie alle erleichtern vieles beim täglichen Kochen. Wer dabei auf Glutamat verzichten möchte, kann auf entsprechende Produkte aus dem Bioladen zurückgreifen.

Nützliche Küchenhelfer

Neben großen und kleinen Töpfen, Pfannen, Brätern und Auflaufformen, empfiehlt sich ein Schnellkochtopf. Damit sparen Sie Zeit und Energie, das Kochgut wird im Dampf schonend gegart und Vitamine und Aroma bleiben weitgehend erhalten. Genauso praktisch ist ein Römertopf: Alle Zutaten kommen zusammen hinein, um im Backofen gemütlich vor sich hin zu garen – nichts brennt an, muss ständig umgerührt werden oder läuft über. Ein kleines Sortiment an Kochlöffeln, Schöpfkellen, Schneebesen, Sieben, Reiben, scharfen Messern, Sparschälern, Schneidbrettern und Schüsseln gehört ebenfalls zur Küchengrundausstattung und sorgt für gutes Gelingen beim Kochen. Eine Küchenwaage, ein Handrührgerät und ein Pürierstab sind ebenfalls nahezu unentbehrliche Küchenhelfer.

Kleine Pannenhilfe

Auf der Brühe ist zu viel Fett?
Mehrmals Küchenpapier auf den Fettspiegel legen und dadurch aufsaugen. Oder kalt stellen und das erstarrte Fett abnehmen.

Essen versalzen?
Rohe Kartoffelscheiben oder Brotrinden ziehen Teile des Salzes ab. Milch und Sahne mildern auch.

Fett spritzt umher?
Eine Prise Salz in die Pfanne geben, dann spritzen wasserhaltige Fette wie Butter und Margarine nicht.

Mayonnaise wird nicht fest?
Wenn Sie diese Reihenfolge einhalten, gelingt sie sicher: Zuerst Eigelbe mit Senf und Salz verrühren. Dann 1 TL Essig zugeben und dann erst das Öl langsam einrühren.

Salz- und Pfefferstreuer verstopft?
Geben Sie einige Reiskörner in den Salzstreuer, sie saugen die Feuchtigkeit auf. Einige ganze Pfefferkörner sorgen für freien Fall und mehr Aroma im Pfefferstreuer.

Verklebte Ölflasche?
Ölflaschen bleiben am Hals sauber, wenn Sie einen Schnapsausgießer darauf setzen. Außerdem können Sie so besser dosieren.

Nur einige Tropfen Zitronensaft?
Die Zitrone nicht aufschneiden, sondern nur ein kleines Loch hineinbohren und einige Tropfen ausdrücken.

Welker Salat?
Geben Sie in das Waschwasser einige rohe Kartoffelscheiben und 3 EL Zitronensaft. In 10 Min. ist er wieder frisch.

Gelöffelt, gezählt und gewogen

1 EL frische, gehackte Kräuter oder gemahlene Nüsse	3–5 g
1 EL Butter, Öl, Sahne, Mehl, Speisestärke, Semmelbrösel	10 g
1 EL Reis, Salz, Zucker, Senf, Mayonnaise, Crème fraîche, Tomatenmark	15 g
1 EL Honig	20 g

1 EL Wasser, Milch, Saft	10 ccm (ml)	=	1 cl
10 EL	100 ccm (ml)	=	10 cl
1/16 l	62,5 ccm (ml)	=	6–9 EL
1/8 l	0,125 l = 125 ccm (ml)	=	14 EL
1/4 l	0,25 l	=	250 ccm (ml)
1/2 l	500 ccm (ml)	=	0,5 l
1 l	1000 ccm (ml) = 100 cl	=	1 kg = 1000 g

Backofentemperaturen

Elektroherd mit Ober- und Unterhitze	Gasherd
150°C – 160°C	Stufe 1
175°C – 180°C	Stufe 2
200°C	Stufe 3
220°C – 225°C	Stufe 4
240°C	Stufe 5
250°C	Stufe 6

Rezeptregister von A–Z

Damit Sie Rezepte mit bestimmten Zutaten noch schneller finden, stehen in diesem Register zusätzlich auch beliebte Zutaten wie Äpfel, Kartoffeln und Schinken – ebenfalls alphabetisch geordnet und halbfett gedruckt – über den entsprechenden Rezepten.

Rezeptregister von A–Z

Register nach Kapiteln